LES FILLES SAGES
VONT AU CIEL...
LES AUTRES
OÙ ELLES VEULENT

UTE EHRHARDT

LES FILLES SAGES VONT AU CIEL... LES AUTRES OÙ ELLES VEULENT

Ou pourquoi la gentillesse ne mène à rien

Traduit de l'allemand par Laurence Caillarec

CALMANN-LÉVY

Titre original allemand :
Gute Mädchen kommen in den Himmel, böse überall hin

ISBN 2.7021.2875.0

« Il n'est pas, à ma connaissance, de moyen sûr pour réussir, mais un sûr moyen d'échouer : c'est de vouloir contenter tout le monde. »

PLATON

Gentilles de la naissance à la mort

La gentillesse est la qualité féminine par excellence. On attend de la femme qu'elle soit aimable, conciliante, modeste et généreuse, les femmes elles-mêmes ne se rêvent pas autrement.

La gentillesse est considérée comme la clé de la réussite, ce qui est en totale contradiction avec la réalité.

Aujourd'hui, les femmes ne veulent plus se contenter d'être gentilles, leur conception de soi se modifie. Cependant, la Nouvelle Femme reste tiraillée. Lorsqu'elle s'impose, c'est souvent avec mauvaise conscience. Elle paraît sereine, mais intérieurement le conflit gronde. Car elle aussi veut qu'on l'aime, et s'évertue à satisfaire tout le monde. Pourtant elle sait qu'en agissant ainsi, elle ne fait que s'empêtrer dans un tissu de dépendances multiples. Certes, elle veut s'imposer, mais sans blesser personne, parvenir à son but, sans écraser les autres, critiquer sans dénigrer, s'exprimer et convaincre sans manipuler, s'affirmer sans pour autant faire peur.

Cependant, les doutes enfouis au fond d'elle remontent à la surface et transparaissent dans les subtilités du langage corporel. Une tête légèrement inclinée, un regard à peine interrogateur, un petit sourire hésitant signifient pour l'interlocuteur : « En fait, je ne suis pas si sûre de ce que j'avance. » Un geste fugace, apparemment sans importance, devient invitation : « Je ne demande qu'à me laisser convaincre. » Ou encore : « Je m'oppose juste pour la forme. »

Les femmes se mettent facilement à la place de l'autre. Elles comprennent toujours les motifs qu'il a de penser ceci ou cela, éprouvent ce qu'il peut ressentir. C'est pourquoi elles ont du mal à imposer leurs désirs et à défendre leurs opinions.

Observons l'image de la femme dans les feuilletons télévisés : elle est parfaite, dotée de toutes les qualités, excessivement accommodante. Elle assume son foyer, sa profession, ses enfants et ses obligations d'épouse avec le sourire, et soutient les ambitions professionnelles de son mari dans un bel esprit de sacrifice. Jolie, en pleine possession de ses moyens, soignée, pleine d'énergie, elle est également attentive aux autres, indulgente et dévouée. Elle se sacrifie sans attendre de remerciement. Au bureau, elle enregistre de petits succès à son niveau.

La femme souffre, plus fréquemment que l'homme, d'anxiété et de dépression. Il lui faut, pense-t-elle, être plus performante que lui pour jouir de la même reconnaissance. Son expérience le lui confirme. Les femmes s'efforcent donc d'être meilleures, plus consciencieuses, serviables et solidaires que les hommes. Mais elles n'en tirent pas le bénéfice escompté. Car si leurs performances sont souvent supérieures à celles de leurs collègues masculins, elles ne sont pas honorées en conséquence, en termes de salaire et de promotion. Les femmes sont d'ailleurs les premières à sous-estimer le travail qu'elles fournissent.

Ayant en mémoire le vieil adage selon lequel on n'a rien sans mal, les femmes travaillent dur et obtiennent des résultats... qui ne leur rapportent pas grand-chose. Elles espèrent en effet qu'en aidant et en assistant leurs collègues, elles accumuleront les bons points qui font progresser une carrière. Or, ainsi déchargés, collègues masculins et conjoints peuvent se consacrer à des tâches plus gratifiantes. Et les assistantes restent sur le bord de la route. Pour réussir, il faut adopter des stratégies plus judicieuses. Ce n'est pas une bonne tactique de travailler pour les autres. Ni de cultiver la modestie. De nombreuses femmes préfèrent ne pas parler de leurs succès plutôt que de paraître se vanter. Elles attendent qu'on découvre leurs mérites. Elles deviendront au mieux lunatiques, plus vraisemblablement dépressives, apathiques, ou alcooliques si personne ne reconnaît leur valeur.

« Les femmes ont une prédisposition au rôle d'assistante », tel est le postulat d'un chef du personnel. D'après lui, c'est le secteur des services qui leur convient le mieux, elles pourront même y exercer une petite activité indépendante. « Servir » serait dans leur nature et, par leur comportement, bien des femmes lui donnent indirectement raison. Elles font exactement ce que l'on attend d'elles, elles suivent la voie tracée, renonçant même à imposer leurs bonnes idées. Elles imaginent que leur gentillesse et leur docilité leur permettront de gagner sur les deux fronts, professionnel et conjugal. Elles pensent pouvoir s'attacher un homme par leur silence compréhensif et indulgent, et en assumant à sa place les tâches ingrates. Serviables et corvéables, elles espèrent recevoir en retour éloges et affection. Les femmes sont intimement persuadées que seule la gentillesse leur permettra de parvenir à leurs fins. Elles invoquent le modèle de leur mère, même lorsque l'expérience leur a prouvé que ce sont les insolentes, les rebelles, les audacieuses qui réussissent, jamais les dociles, et rarement les meilleures !

Les femmes exigent souvent beaucoup d'elles-mêmes, en quantité et en qualité. Les victoires faciles ont peu de valeur à leurs yeux. Elles fournissent des efforts considérables et obtiennent des résultats. Mais, par une fatale perversion de l'esprit, elles ne s'en attribuent pas les mérites, convaincues que leur compétence et leur travail ne peuvent suffire à expliquer leur succès. Il serait dû au hasard, à la chance, aux circonstances extérieures. Leurs échecs, en revanche, confortent la piètre opinion qu'elles nourrissent au fond d'elles : je ne suis pas assez performante, d'autres auraient sûrement mieux réussi que moi. Elles sont en colère contre elles-mêmes, se renferment dans leur coquille et se mettent à redouter toute forme de défi.

VOULOIR S'ADAPTER À TOUT PRIX : UNE STRATÉGIE LOURDE DE CONSÉQUENCES

Les femmes n'aiment pas attirer l'attention, elles préfèrent s'adapter jusqu'à se fondre dans la masse. Elles succombent à l'erreur selon laquelle il faudrait avancer à couvert pour atteindre son but. Surtout ne pas se faire remarquer, telle est leur devise.

Elles s'appliquent à être gentilles et discrètes, et ne conçoivent pas qu'on ne leur sache gré de leur retenue.

Les femmes doivent apprendre à ne pas attendre secrètement de reconnaissance mais à exiger ouvertement des contreparties. Comme elles se sacrifient pour les autres, elles imaginent qu'on a une dette envers elles, et qu'on s'en acquittera. Ce n'est généralement pas le cas. Les femmes doivent faire la différence entre rendre un service, offrir sans attendre quoi que ce soit en retour, et agir dans le but d'obtenir remerciement, reconnaissance ou compensation. Il faut fixer dès le départ des règles claires, l'autre se réservant le droit ou la possibilité de refuser. Chacun sait alors à quoi s'en tenir.

Pour les femmes, le principal piège à éviter est de vouloir être aimées à tout prix, et de renoncer pour cette raison à l'autodétermination, à l'indépendance, au pouvoir. Au lieu de chercher à identifier leurs véritables aspirations, elles en viennent à s'ignorer elles-mêmes. Si quelqu'un leur témoigne de l'affection, elles ont peine à y croire. Elles ne s'attendent pas réellement à ce qu'on les respecte, et cet état de choses durera aussi longtemps qu'elles se laisseront guider par l'avis des autres plus que par leurs propres désirs ou leurs opinions.

Si vous souhaitez en finir avec cet état d'esprit, commencez dès aujourd'hui. Citez trois choses qui vous plaisent en vous ! Ne retenez que ce dont vous tirez un avantage quelconque !

Les femmes qui vivent en accord avec elles-mêmes ont trouvé un équilibre entre les attentes des autres et leurs propres aspirations. Elles font des expériences, elles ont le goût du risque, conscientes que risquer, c'est gagner *ou* perdre. Elles veulent gagner, et se concentrent sur leur projet sans être obnubilées par ce que l'on pourrait penser d'elles. L'important est qu'elles aient confiance en leurs possibilités, en leur compétence, en leur capacité d'agir en fonction des objectifs qu'elles se sont fixés. Il en résulte non pas de la hargne, ou de la brutalité dans les rapports avec les autres, mais du courage, plus d'indépendance, une plus grande joie de vivre. Les femmes qui ont décidé d'oser ne redoutent pas l'échec. Elles savent que l'équipe de foot qui gagne 3 à 2 a forcément encaissé deux buts. Un échec ponctuel ne les désarçonne pas. Quand on leur dit non, elles n'y voient pas une attaque personnelle. Si quelque chose ne marche pas, ce n'est pas leur personne mais leur projet qu'elles mettent en cause. Ne vous tourmentez pas en vous imaginant que l'on vous en veut. Et ne vous torturez pas l'esprit pour savoir ce qui cloche en vous, mais *réfléchissez à des solutions constructives.*

Malheureusement, bien peu de femmes arrivent à franchir ce premier pas vers l'indépendance. La plupart d'entre elles restent prisonnières des schémas de pensée traditionnels. On a l'impression qu'elles préfèrent la docilité à la joie de vivre. D'où vient ce refus d'explorer les contrées interdites ? Pourquoi est-il si difficile aux femmes d'enfreindre les règles ? Comment expliquer qu'elles ressentent comme une faute ce qui ne pose pourtant aucun problème à la plupart des hommes ?

La peur d'être punie du moindre excès de confiance en soi, de la plus petite infraction à la règle, nous est chevillée au corps. Qu'est-ce que les autres vont penser de nous ? Comment vont-ils réagir ? Ne vont-ils pas retirer leur affection aux méchantes filles que nous sommes ?

Les femmes sont littéralement bâillonnées par leur gentillesse. Elles renoncent en secret à beaucoup de ce qui fait le plaisir de la vie. Il est rare qu'elles réalisent leurs désirs. Cette attitude de renoncement se construit dès le début de l'existence. L'attitude de la mère allaitant son bébé a une influence sur le comportement ultérieur de l'enfant. Or, cette attitude diffère selon qu'il s'agit d'une fille ou d'un garçon. Il n'est pas facile de saisir le processus conduisant à l'émergence de la personnalité-fille ou de la personnalité-garçon. C'est pourtant le seul moyen de découvrir l'origine du sentiment d'impuissance et du conformisme des femmes, et de comprendre pourquoi elles ont tant de mal à s'en défaire. Au cours des quinze dernières années ont été créés puis affinés deux modèles explicatifs pour illustrer l'apparition et le renforcement de ce que l'on pourrait appeler l'autorestriction mentale. Ils révèlent comment les femmes peuvent se retrouver dans des situations apparemment sans issue, et pourquoi elles ont tant de difficultés à se sortir de systèmes qui leur sont dommageables.

Le concept fondamental pour la compréhension des conflits que connaissent les femmes est celui d'*impuissance acquise*. Beaucoup de petits problèmes quotidiens sont autant de manifestations de cette impuissance.

L'impuissance est à l'œuvre lorsque les femmes imaginent ne pas pouvoir changer un pneu crevé, elle l'est aussi quand elles ne se croient pas capables de quitter un mari violent. Martin Seligman, l'un des fondateurs du concept d'impuissance acquise, affirme que même des perturbations mentales graves comme la dépression ou l'anxiété sont en fait des réactions d'impuissance. L'accumulation de diverses expériences peut conduire à une anticipation de résultat du type : « Je suis incapable de m'en sortir seule », créant un état d'anxiété et de dépression. J'adopte une attitude d'impuissance uniquement parce que je ne me crois pas à la hauteur de la situation ou des circonstances. C'est une impression qui, en général, ne tient pas compte de la réalité, mais se fonde sur la conviction de ne pouvoir influencer le cours des choses de manière positive.

L'impuissance est une conviction acquise et non une fatalité.

Selon le concept de *conditionnement de soi* (*self-fulfilling prophecy*, ou autoaccomplissement de la prophétie [1]), un événement se produit en réponse à une attente. La définition exacte devrait être la suivante : **si j'anticipe la réalisation d'un événement particulier, la probabilité que je me comporte en fonction de la situation envisagée augmente**. Ce processus se déroule en grande partie dans l'inconscient. Par exemple, si je panique à l'approche de l'examen, je révise dans la nervosité et de manière incohérente. Je redoute le trou de mémoire, je me vois donnant des réponses fausses. La probabilité d'un échec augmente. J'ai encore plus le trac.

Prenons le cas contraire. Je crois que je peux réussir (anticipation du succès). Je révise avec méthode. Je suis concentrée, toutes mes capacités sont mobilisées, et je ne me laisse pas distraire de mon but. Je m'imagine passant brillamment les épreuves. La probabilité de réussir augmente, renforçant l'anticipation du succès.

Impuissance acquise et conditionnement de soi se conjuguent et se complètent. Une femme convaincue de ne pas être douée pour la technique a peut-être assimilé ce message dans l'enfance. Elle part du principe qu'elle n'est pas capable de changer les bougies de sa voiture, par exemple. Si elle tente l'opération, ce sera sans conviction, avec des outils peu adaptés et insuffisamment de connaissances techniques. Elle va se coincer le doigt en essayant d'atteindre une vis peu accessible, ne saura plus quels câbles relier entre eux et cassera quelque chose, ce qui ne fera que conforter à ses propres yeux son a priori d'impuissance. Elle pense avoir échoué dans son honnête tentative de résoudre le problème. Donnant à cette prévisible mésaventure une portée excessive, elle doute un peu plus de sa capacité à maîtriser un jour les gestes techniques. Pour elle, le chapitre est clos. Désormais, elle aura besoin d'aide, scellant définitivement son incapacité supposée.

Une femme moins désemparée, capable d'anticipation positive, entreprend de changer ses bougies. Elle aussi se coince le doigt. Persuadée qu'il s'agit là d'une petite maladresse sans importance, elle en recherche la cause et s'aperçoit qu'elle avait de la graisse sur les mains et un outil peu pratique. Voilà deux choses auxquelles elle veillera la prochaine fois. Elle renouvellera l'essai, car la difficulté n'est pas de nature à la faire douter d'elle.

L'impuissance se manifeste dans de nombreuses situations quotidiennes. Elle fait douter les femmes de leur capacité à mener à bien leurs projets. Il est rare qu'elles poursuivent jusqu'au bout les modestes objectifs qu'elles se sont fixés. Elles sont loin d'exploiter toutes leurs possibilités. Au moindre obstacle, elles baissent les bras. Ce manque de persévérance ne se retrouve pas nécessairement dans tous les domaines. Telle femme d'artisan, appliquant des stratégies de persuasion efficaces vis-à-vis de sa clientèle, sera incapable de s'imposer face à sa mère. Telle enseignante, gérant sans problème des classes difficiles, panique complètement lorsqu'elle doit se rendre seule à un stage de formation. On peut être fort et compétent ici, maladroit et timoré ailleurs. Aussi étonnant que cela puisse paraître, il n'est pas évident d'étendre une expérience de réussite et d'efficacité à d'autres domaines, parce que cela suppose de reconnaître ses propres mérites. Une bonne performance sera dans la plupart des cas attribuée au hasard. De telles croyances inhibantes sont le résultat d'apprentissages précoces et gênent les évolutions possibles. Les êtres humains sont entravés, non pas par les faits, mais par leurs propres schémas de pensée. Lorsqu'on croit ne pas pouvoir résoudre un exercice de calcul parce que, dans la famille, on n'est pas doué pour les mathématiques, c'est que l'on fait un sérieux blocage psychologique. Lorsqu'on considère en revanche un exercice de calcul comme difficile mais faisable, on sait qu'on y arrivera avec un peu de temps et de réflexion. Trouver la solution d'un exercice mathématique complexe n'est facile pour personne. Si j'en suis consciente, je vais le prendre comme un défi à relever, sachant que les difficultés résident dans les hypothèses ou dans la situation particulière. Si j'échoue, ce ne sera pas nécessairement dû à mes insuffisances, mais aux autres *variables*. Je réussirai après avoir pris un peu de repos, un jour où je serai plus en forme, où je me serai préparée différemment, où j'aurai à ma disposition des outils mieux adaptés. Quand on cherche systématiquement l'erreur en soi-même et que l'on considère les données comme intangibles, on fait vraisemblablement un blocage psychologique relevant de l'impuissance acquise.

Leur expérience conduit de nombreuses femmes à penser qu'elles sont incapables de parvenir à quelque chose par elles-mêmes. Elles perdent l'habitude de compter sur elles, espérant l'aide des autres ou du destin. Elles ne croient plus en leur force, en leur capacité à affronter l'existence. Le fonctionnement de l'attitude de dépendance ne leur laisse pas le choix : elles doivent se conformer aux désirs des autres, quitte à y perdre leur insouciance et leur joie de vivre. Au travail, les femmes compétentes mais impuissantes attendent d'être reconnues. Le prince charmant du monde professionnel est le patron bienfaiteur. C'est lui qu'attendent les femmes ayant le sentiment de se trouver dans une impasse. Au lieu d'agir, elles cachent leurs aptitudes et leurs ambitions professionnelles. Mais elles seront blessées et déçues si leur supérieur ne favorise pas leur promotion. Se battre pour l'obtenir, voilà ce qu'il faudrait faire.

Ces impuissantes n'ont pas confiance en leur savoir-faire, en leurs compétences. Elles croient ne devoir la réussite qu'à la chance ou au hasard. Elles n'ont pas le sentiment d'y être pour quelque chose. Elles ne savent pas savourer leurs succès. Elles ne se considèrent responsables que de leurs échecs.

Cela se répercute sur leur dynamisme et leur vitalité. Elles souffrent d'apathie, de fatigue chronique, de manque de tonus, d'insomnie ou d'activisme. Elles persistent à penser qu'il n'est pas en leur pouvoir de faire avancer les choses ou d'atteindre leur but sans aide extérieure. Elles craignent de ne pas savoir gérer seules leur existence. Et pourtant, peu d'entre elles se diraient impuissantes. Bien qu'elles se croient à la merci des aléas de la vie, elles n'utilisent le concept d'impuissance que dans des situations extrêmes et en parlant des autres : par exemple, lorsque des parents ou amis proches en grande détresse psychologique cherchent du réconfort.

Peu de femmes impuissantes s'estiment capables de diriger leur existence, de prendre seules les bonnes décisions, de subvenir à leurs propres besoins. Cette façon de voir n'est pas sans conséquence. Quand on est convaincu de ne pas pouvoir réussir seul, on dépend des autres. C'est pourquoi ces femmes pensent qu'elles doivent consacrer toute leur énergie à épauler quelqu'un d'autre. C'est pour elles une façon d'assurer l'avenir. Au lieu de faire l'effort de s'investir dans la gestion de leur vie, dans l'affirmation de soi et la recherche d'un équilibre intérieur, elles négocient de mauvais compromis.

Je démontrerai dans cet ouvrage pourquoi les filles sages n'arrivent à rien et j'indiquerai :

1. de quelle manière les femmes peuvent sortir de leur gentillesse résignée pour entrer en résistance insouciante et joyeuse ;

2. comment résoudre la contradiction entre l'action ciblée menée dans son intérêt propre et le maintien de bonnes relations avec son environnement.

J'expliquerai la situation des Nouvelles Femmes, tiraillées entre dépendance et autodétermination. Les femmes peuvent trouver un équilibre de vie et faire valoir leurs droits sans mauvaise conscience. Leur force ne met pas en péril leurs amours ou leurs amitiés.

LA GRANDE ESCROQUERIE

Pièges de la pensée au quotidien

FAUX PRÉTEXTES

Beaucoup de femmes gentilles se trompent lorsqu'elles s'imaginent que leur gentillesse se trouve durablement compensée par le profit apparent ou immédiat qu'elles en tirent. Elles pensent qu'une dispute évitée vaut bien de fermer les yeux sur le manque d'empressement du partenaire à s'occuper des devoirs des enfants. Et qu'un repas en tête à tête justifie de mettre en sourdine ses propres revendications en matière d'organisation des vacances. Elles croient aussi que l'achat d'une deuxième voiture neutralisera leur envie de travailler. Ou qu'un manteau neuf leur fera oublier combien elles aimeraient qu'il s'occupe des enfants pendant leur cours de yoga. Elles ont l'impression de faire avancer les choses en accumulant sans se plaindre des heures supplémentaires.

Mais elles sont perdantes dans cette affaire. Elles ne voient pas qu'en agissant ainsi, elles négocient des compromis douteux et néfastes pour elles, et qu'elles ne font que renforcer leur propre asservissement. Ces semblants de victoire ne sont pas dissociables de la peur de s'assumer, de la crainte de s'affirmer et d'affronter les conflits. Les femmes gentilles ne redoutent pas seulement de se prendre en charge, elles craignent aussi d'être pendant quelque temps moins aimées, moins appréciées. Ces limites qu'elles s'imposent à elles-mêmes sont le reflet de règles anciennes, et autant de prétextes fallacieux et de motifs à ne pas lutter pour ses droits.

Déductions trompeuses et *pièges de la pensée* sont source de blocages psychologiques. Je parle de cette multitude de règles de vie, petites et grandes, héritées de nos parents ou transmises par la société, qui nous commandent d'être sages. Une petite erreur de raisonnement peut se révéler lourde de conséquences.

Chaque infraction à la norme est sanctionnée par une menace d'exclusion ou de perte de considération. Il en résulte des peurs diverses qui piègent la pensée.

Ces peurs remplissent une fonction dont nous sommes rarement conscients. Chez Freud, la peur des serpents apparaît comme une forme modifiée de la peur du pénis. Je ne veux pas analyser ici les liens entre phobies et rejet du sexe, mais le rôle que joue la peur dans le maintien du statu quo. La peur nous empêche d'agir.

LES FEMMES NE SAVENT-ELLES PAS CE QU'ELLES VEULENT ?

Depuis quelque temps, Bettina a envie de faire un voyage en avion avec sa famille. Cela lui plairait de passer une semaine ou deux en automne aux Canaries. Quand elle va en ville, elle en rapporte des catalogues d'agences de voyages qu'elle montre à son mari, Pierre, et à Manuela, leur fille de neuf ans. Elle a également acheté plusieurs guides touristiques. Pierre est séduit par sa proposition, et Manuela enthousiasmée à l'idée de prendre l'avion pour la première fois. Pourtant, tous les ans ils se retrouvent en Forêt-Noire dans la même ferme que Pierre loue d'une année sur l'autre. C'est assez sympathique, du reste. Mais l'insatisfaction croît chez Bettina. Elle ronchonne, se plaint de devoir faire la cuisine et le ménage. En fait, elle aurait préféré un voyage organisé.

Quelque chose retient Bettina de se rendre dans une agence de voyages et de faire tout simplement les réservations pour l'automne suivant. Elle craint que Pierre ne préfère au fond la Forêt-Noire. Certes, il dit qu'il aimerait bien passer ses vacances ailleurs, mais finalement il n'entreprend rien dans ce sens. Et, pour le troisième automne consécutif, Bettina attend que Pierre agisse. Elle interprète le fait qu'il ne prenne pas l'initiative comme un refus voilé, sans voir qu'elle ne se comporte pas autrement. Elle n'achète pas les billets, pour ne pas le brusquer. S'il veut prendre l'avion, à lui de s'en occuper. Elle en a suffisamment parlé. Elle renonce par égard pour lui. Elle n'a pas cessé de répéter qu'elle avait envie de partir en avion sous les Tropiques. Elle se fait l'effet d'un petit enfant qui n'arrête pas de quémander et auquel on ne prête plus attention. Tout le monde dit oui, mais personne n'agit. Les deux autres peuvent bien exprimer leur désir d'aller aux Canaries, cela ne compte pas. C'est à Pierre de prendre la décision définitive, et de l'exécuter en allant réserver.

Ce qui vaut pour lui ne vaut apparemment pas pour elle. Il ne lui vient pas à l'esprit que, si c'est elle qui veut prendre l'avion, c'est aussi à elle de faire les démarches nécessaires.

Hélène était dans la même situation. Les week-ends tournaient au fiasco : tous, mari comme enfants, approuvaient vaguement les idées qu'elle lançait mais personne n'entreprenait rien. Aussi, depuis quelque temps, Hélène a changé d'attitude. Chaque semaine elle propose une sortie, sans se demander au préalable si cela conviendra à tout le monde ; et à partir du moment où elle ne rencontre pas d'opposition catégorique, elle l'organise. Jusqu'à présent, tous ont participé, et apprécié. Et même si, pour une fois, l'un des enfants ou le mari ne voulait pas suivre, ce ne serait pas un drame. Elle, en tout cas, y trouve son compte – piscine, sauna, randonnée...

> Ressentez-vous une secrète envie de protester ? Le mot « égoïste » vous vient-il à l'esprit ?
>
> Pensez-vous que mari et enfants sont traités sans ménagement ? Si vous vous faites des réflexions du genre : « On ne peut tout de même pas agir ainsi, sans tenir compte des autres ! », soyez sur vos gardes : la gentille fille n'est pas loin.

Finalement, Bettina avait décidé de soumettre à sa famille une proposition précise et, s'il n'y avait pas d'objection majeure, de faire les réservations. Elle mit ce plan à exécution. Elle avait trouvé une formule qui pouvait convenir à tous en combinant excursions et baignades. La famille donna son accord. Pierre fit juste remarquer qu'il ferait très chaud là-bas.

Ce fut précisément cette remarque que Bettina ne put chasser de son esprit. Avant de pénétrer dans l'agence de voyages, elle s'acheta un magazine et alla s'asseoir dans un café pour repenser tranquillement à son projet.

Si, effectivement, il faisait tellement chaud qu'on ne pouvait rien entreprendre, les vacances seraient gâchées et elle en porterait la responsabilité. Plus elle y réfléchit, et plus ses pensées prennent un tour défavorable. Elle décide d'attendre le lendemain pour réserver, et de mettre à profit le dîner pour sonder Pierre une nouvelle fois. Là voilà saisie à nouveau par un doute qu'elle connaît bien.

Aucune décision n'est bonne à cent pour cent. Les gouvernements eux-mêmes ne sont souvent élus qu'à une courte majorité. Nous l'acceptons difficilement lorsqu'il s'agit de notre vie privée ou professionnelle. Et pourtant, le principe qui régit les actions est partout le même : il faut peser le pour et le contre, et faire son choix.

LES FEMMES NE SONT-ELLES QUE DOUCEUR ?

Les femmes font leur devoir sans rechigner et sans protester. Craignant de perdre l'affection de leur entourage, elles récusent toute forme d'agressivité, même en leur for intérieur. La moindre velléité agressive est aussitôt retournée contre soi, ou détournée de son but. La mère, irritée contre son bébé, redouble de sollicitude : une bonne mère n'a pas le droit de se mettre en colère. Elle culpabilise et n'ose parler à personne de son exaspération face à une créature sans défense. Résultat : ou bien elle dirige son agressivité contre elle-même, ou bien la mauvaise humeur accumulée se manifeste à son insu ailleurs.

Les femmes souffrent plus fréquemment que les hommes de migraine et de dépression. Elles manquent de ressort, se sentent fatiguées, n'ont pas de tonus. Généralement, ce sont les symptômes d'une agressivité contenue.

L'agressivité féminine se manifeste souvent de manière détournée et subtile. On dit les femmes sournoises, parce qu'elles attaquent sans crier gare et se replient aussitôt.

Les femmes sont à l'occasion jalouses ou envieuses. Mais elles ne laissent rien deviner de leurs sentiments agressifs, jusqu'au jour où ils se libèrent avec une violence inattendue. Pourtant, ces explosions n'ont rien de surprenant, car tout le monde sait que ce que l'on réprime ici ressurgira ailleurs sous une autre forme. Un événement insignifiant, une broutille, servira de détonateur. Brigitte venait de reprendre le travail après trois années de « congé pour convenances personnelles ». Pourtant, on pouvait difficilement parler de congé, et encore moins de convenances personnelles. Elle avait voulu décharger son ami afin qu'il termine ses études de chimie dans de bonnes conditions. Là-dessus étaient arrivées, pas vraiment au bon moment, les jumelles Anne et Élise. Au début, Brigitte avait continué de travailler à plein temps, mais il avait bientôt fallu abandonner tout espoir que Gérard assume à la fois ses études et les enfants. Elle avait donc démissionné de son poste de chef de laboratoire. Brigitte ne pouvait cependant arrêter complètement de travailler car il fallait bien subvenir aux besoins du ménage. Or, Gérard n'avait pas de revenus. Elle accepta donc des gardes de nuit, ce qui lui permettait de gagner de l'argent, tout en s'occupant de la maison et des enfants pendant la journée.

Cela marcha quelque temps. Mais il y avait sans cesse des frictions entre eux. L'argent était rare, Brigitte épuisée, et Gérard stressé par son examen. Pour se détendre, il jouait au squash ou sortait avec des amis. Brigitte était contrariée, mais elle se reprochait aussitôt sa mesquinerie : l'examen approchait, il avait besoin de décompresser. Elle devait renoncer aux activités qu'elle aimait, ne voyait plus ses amies, n'avait plus le temps de souffler et encore moins de discuter vraiment avec qui que ce soit.

Gérard termina enfin ses études. Il n'eut pas d'emploi tout de suite, mais elle pouvait désormais retravailler à plein temps et en journée ; c'était déjà une bonne chose d'en finir avec ces gardes de nuit. Lui pourrait se charger des tâches ménagères en attendant de trouver une place intéressante. D'autant que les jumelles allaient maintenant à la maternelle. Brigitte était heureuse de reprendre le travail, mais surtout de ne plus avoir à s'occuper de la maison.

Cependant, il apparut très vite que Gérard ne s'en sortirait pas seul. Il oubliait la moitié des courses, ce qui obligeait Brigitte à faire un détour par le supermarché en rentrant du travail. C'était lui qui lançait la lessive, mais elle qui le soir devait l'étendre, et le lendemain la repasser. Au début, elle se consolait en se disant que leur organisation n'était pas encore rodée, mais son humeur s'assombrissait de jour en jour.

Brigitte était en colère, mais elle ne s'avouait pas la violence de son agressivité. Gérard se donnait du mal, finalement. Était-ce sa faute s'il oubliait tant de choses ? Il avait d'autres préoccupations en tête. Et puis, pensait Brigitte, elle avait sa part de responsabilité : elle l'avait trop volontiers materné. Jamais on ne lui avait donné l'occasion d'apprendre à s'organiser dans la maison. Quand ils s'étaient rencontrés, il vivait en studio mais faisait laver son linge par sa mère, chez qui d'ailleurs il prenait la plupart des repas. À partir du moment où ils vécurent ensemble, elle fut aux petits soins pour lui, lui mijotant de bons petits plats et arrangeant la table pour un dîner aux chandelles ou un appétissant petit déjeuner.

Elle lui en voulait de ne pas se démener davantage pour trouver un emploi, mais une pause était peut-être nécessaire avant de se lancer dans le monde professionnel.

Brigitte pensait ne pas avoir le droit d'être agressive, et craignait de compromettre par ses revendications l'affection que Gérard lui portait. Elle n'était pas sûre qu'il continuerait à l'aimer si elle remettait ouvertement en cause ses habitudes de confort.

Brigitte tombait ainsi dans un double piège. D'une part, elle croyait ne pas avoir le droit de nourrir des sentiments agressifs : *les gentilles filles ne se mettent pas en colère*. Et d'autre part, elle imaginait devoir mériter l'affection de son ami en lui rendant des services : *les gentilles filles se sacrifient pour les autres*. « Aimer, c'est accepter... de lui laver ses chaussettes. »

Brigitte pense que Gérard la quitterait si elle donnait libre cours à sa colère. Voilà des années qu'elle essaie de *se corriger*. Elle domine son agressivité pour ne pas le perdre, tout en redoutant confusément qu'il ne parvienne à la percer à jour. Il pourrait s'apercevoir qu'elle n'est pas aussi gentille qu'elle le paraît. Et ce jour-là, elle en est sûre, il la quittera. Elle sait combien il apprécie sa douceur. Ensemble ils ont souvent critiqué les femmes des copains. Elle a encore ses commentaires à l'oreille : « Marie ne nous proposera jamais de prendre une bière ou de manger quelque chose quand nous nous réunissons chez elle pour travailler. Elle n'arrête pas de râler parce qu'elle doit à chaque fois faire le ménage derrière nous. » Dans ces conditions, ils préféraient se retrouver chez Gérard !

Ou bien c'était Valérie, qui les plantait là avec le bébé de six mois pour aller au cinéma avec ses amies.

Avec Brigitte, c'était différent. Elle facilitait le travail de ces messieurs studieux. Et buvait du petit lait en les entendant critiquer les autres femmes. Et pourtant, elle était en passe de devenir exactement comme elles.

Brigitte décida de les rencontrer. Elles admirent qu'il ne leur était pas toujours facile de bousculer ainsi leur entourage, et qu'il leur arrivait encore souvent de culpabiliser lorsqu'elles s'octroyaient un peu de liberté. Mais toutes deux avaient réussi à se faire prendre plus au sérieux par leur partenaire. Ce respect qu'on leur témoignait, elle le devait à la colère qu'elles manifestaient ouvertement.

Brigitte prend alors la résolution de résister plus souvent, de ne plus se charger de tout le travail et de ne plus fuir les conflits. *Être gentille et serviable n'a pas vraiment servi sa cause*. Elle ne veut plus se laisser intimider par les principes des autres. Elle ne s'engage pas sur une voie facile, mais c'est le premier pas vers l'autodétermination. Brigitte en a assez de laisser les autres décider à sa place et faire pression sur elle.

Il est difficile de dire à l'avance quelle sera la réaction de Gérard devant ce changement d'attitude. Peut-être va-t-il se renfermer sur lui-même, se mettre en colère ou se réjouir. S'il se fait distant et menace de se séparer de Brigitte, il faudra y voir la réponse à une situation nouvelle à laquelle il ne s'attendait pas, et pour laquelle il n'était pas préparé. S'il se déchaîne, cela ne doit pas inquiéter Brigitte. Il se trouve en effet confronté à des exigences pour lui inhabituelles. Il n'est pas exclu qu'il réagisse avec colère, désarroi, tristesse ou susceptibilité. Beaucoup d'hommes prennent peur lorsque les femmes se montrent fortes. On ne peut pas prévoir leur réaction dans ces cas-là. Sachez seulement qu'ils agiront sous l'effet de la surprise. Cela ne doit pas vous effrayer.

Pour sortir de ce schéma, il faut accepter les règles suivantes :

Ne pas redouter sa propre colère !

Ne pas craindre de contrarier son partenaire !

La gentillesse ne fait pas avancer les choses !

Sylvie était dans une rage folle. Il était minuit passé, elle rentrait d'une soirée organisée pour la fin du stage d'informatique. Chez elle, il y avait de la lumière partout et les deux enfants, Olivier (sept ans) et Jessica (quatre ans), se précipitèrent bruyamment à sa rencontre. Elle faillit se mettre à hurler tout de suite, au lieu de quoi elle prit la petite dans les bras, et passa la main dans les cheveux d'Olivier. Avant de se laisser submerger par la colère, elle entendit une petite voix intérieure lui murmurer : « Tu aurais pu rentrer plus tôt. »

Bruno était dans la salle de séjour et jouait tranquillement aux échecs avec le voisin. Il paraissait ne pas avoir remarqué le chaos qui régnait dans la salle de bains et la cuisine. Elle s'emporta violemment contre lui, déçue qu'il n'ait pu coucher les enfants paisiblement, pour une fois. Il fallait justement qu'il choisisse ce jour-là pour inviter le voisin à une partie d'échecs. Il aurait dû jouer avec les enfants, leur lire une histoire et veiller à ce qu'ils se couchent tôt. Soudain, elle réalisa qu'elle était en train de faire une scène. La situation était gênante. D'un coup, sa propre attitude lui parut mesquine. Qu'est-ce que Gilles, son voisin, allait penser d'elle ? Elle était entrée dans la pièce comme une furie. Sylvie murmura, honteuse : « Excusez-moi », et alla coucher les enfants.

> Si vous voulez rompre avec ces réflexes comportementaux, réfléchissez bien à ceci :
> Sa colère était justifiée !
> Elle ne doit pas regretter de s'être emportée !
> Il faut savoir montrer son mécontentement !
> Sa colère ne déclenchera pas de catastrophe !

Beaucoup de femmes craignent leur propre fureur parce que les femmes furieuses mettent souvent les autres mal à l'aise. On accepte tout à fait qu'un homme ait un accès de rage. Tout le monde sait qu'un vrai mâle s'emballe parfois. Ce sont des choses qui arrivent. La femme, en revanche, passe généralement pour une créature paisible. Une femme qui pique une crise déclenche la stupeur. Et comme les femmes écumantes de rage sont plutôt rares, on ne sait pas trop comment se comporter face à elles. La plupart des femmes prennent littéralement peur lorsqu'elles sentent la rage monter en elles. Elles n'ont jamais appris à évacuer leur colère.

> Pour voir ce qui se passerait si vous vous emportiez pour de bon, vous pouvez vous livrer à l'expérience suivante :
> Représentez-vous distinctement une situation qui

vous met hors de vous et imaginez concrètement ce qui arriverait alors.

Vous pouvez aussi vous installer face à une amie et, chacune à votre tour, énumérer toutes les conséquences possibles. Vous vous apercevrez sûrement au bout de quelques minutes que votre peur n'était pas fondée.

À force de redouter leur propre colère, les femmes finissent par ne plus savoir identifier en elles l'irritation ou la rage. Elles retournent contre elles leur agressivité qui se manifeste alors par de la fatigue, un sourire figé, des maux de tête, un manque de dynamisme, des insomnies, de la dépression...

Souvent, Sylvie avait du mal à dormir, mais elle en décelait rarement la cause, à savoir sa colère. La dispute avec Bruno servit de déclic. Comme cette nuit-là non plus elle ne parvenait pas à dormir, il lui vint le soupçon qu'elle devait être souvent en colère sans en avoir vraiment conscience. Elle décida de traquer ce sentiment de colère.

Quand elle est au lit et qu'elle n'arrive pas à dormir, elle prononce la phrase suivante : « Ce qui m'a mise en colère aujourd'hui, c'est... », et fait ainsi l'inventaire de toutes les petites contrariétés de la journée. Puis elle poursuit en imaginant à chaque fois ce qui se serait passé si elle avait montré son mécontentement ou si elle avait agi en fonction de ce qu'elle ressentait.

Bientôt, Sylvie parvint à détecter sa colère dès les premiers signes. Au bout de quelques semaines, elle osa l'exprimer, mais de manière progressive et en présence de ceux en qui elle avait confiance. Elle fit par exemple remarquer à une copine qu'elle était irritée de l'avoir attendue presque trois quarts d'heure au café. Elle ne cacha plus sa colère à Bruno et se fâcha quand il ne prenait pas en charge les enfants pendant qu'elle travaillait sur l'ordinateur. Elle dit à sa mère combien ça la mettait de mauvaise humeur que celle-ci n'accepte pas de garder ses petits-enfants à l'occasion. Elle s'autorisa à réagir lorsque Bruno ne voulait rien faire le week-end.

Généralement, la colère cache la force.

LES FEMMES SONT-ELLES VRAIMENT DES ÊTRES FAIBLES ?

La plupart des femmes sont plus fortes qu'elles ne le pensent. Elle se prennent pour des créatures faibles et dépendantes, et imaginent avoir besoin de la protection d'un homme fort.

Katia a un fils de deux ans, Alexandre. Depuis la naissance de celui-ci, elle souffre de terreurs telles qu'elle est parfois incapable de sortir de chez elle. Elle ne va plus faire les courses, et il n'est évidemment pas question pour elle de prendre la voiture ou de partir en voyage. Elle s'est mariée pour échapper à ses parents. Alexandre n'était pas un enfant désiré. À bien y regarder, il n'y a d'ailleurs rien qu'elle ait vraiment décidé. Les choses se sont passées comme ça, et elle s'y est résignée. Mais cela ne peut plus durer. Elle ne supporte plus d'avoir peur jour et nuit. Elle aspire à nouveau à la joie et au plaisir, à se déplacer librement. Elle entreprend une thérapie et réapprend de façon tout à fait mécanique à quitter la maison, à rendre visite à ses amies, à conduire une voiture. Au bout de quelque temps, elle commence à se demander ce qu'elle veut réellement et, deux ans plus tard, elle se met en tête de réaliser ses aspirations.

Elle s'est séparée de son mari dès qu'elle a pris conscience d'avoir une existence à elle.

Katia avait peur de sa propre force. La peur constituait une protection contre la révolte, un moyen d'occulter tout ce qui ne lui plaisait pas dans sa vie et dans son couple.

Doit-on nécessairement traiter une femme en colère d'hystérique ?

On fait souvent l'amalgame entre force et hystérie, impulsivité, emportement. Quand la féministe anglaise Fay Weldon décrit l'histoire de sa « diablesse », les femmes rient d'un air entendu au spectacle des actions « diaboliques » de l'héroïne. La logique qui sous-tend sa *crise* ne leur échappe évidemment pas : elle fait sortir de la maison enfants et animaux puis détruit tous les symboles de son oppression en laissant tourner les appareils ménagers jusqu'à ce qu'ils soient hors service. Elle emmène les enfants chez leur père et est enfin libre.

On pourrait sans aucun doute imaginer à cette histoire une suite plus réussie que ces efforts qu'elle fait pour convaincre son mari à tout prix. Elle pourrait se libérer vraiment, en se fixant des objectifs de nature à renforcer son autonomie. En tout cas, le début est spectaculaire et prometteur.

LES FEMMES DOIVENT-ELLES TOUJOURS ÊTRE BELLES ?

La femelle hystérique, semblable à une hyène, représente une menace pour les hommes mais également pour les femmes. La hyène, cet animal affreux, voilà à quoi ferait penser la femme en colère. À ce compte-là, elles préfèrent encore dissimuler leur rage. Leur partenaire leur dit : « Regarde-toi un peu dans la glace. Tu es affreuse quand tu te mets en colère. » Et il sait ce qu'il fait car déjà elle s'essaie à sourire. Alors, tu vois, ce n'était pas bien difficile, finalement !

Que ce sourire sape ses capacités à s'affirmer ne la trouble pas. La beauté a plus d'importance que la considération de soi. Elle veut plaire, dût-elle pour cela perdre la face. Elle sourit et fait ce que l'on attend d'elle, avant qu'il ne soit trop tard et qu'il ne découvre sa « laideur » soigneusement cachée. Comment a-t-elle pu seulement se laisser aller ainsi ? Les effets de son sourire sont stupéfiants. Il se fait conciliant, la console... et agit comme il l'entend. Il a réussi. Il n'a plus rien à redouter d'elle.

Dans leur marche vers l'autonomie, l'affirmation et le respect de soi, les femmes se laissent facilement piéger par les préjugés sur « le beau sexe ». Le prix à payer serait donc la féminité, la beauté ? Elles préfèrent conserver un masque souriant qui les diminue.

Conséquence : elles ne savent pas se mettre en valeur et ne sont pas prises au sérieux. Elles renoncent au pouvoir et à l'indépendance.

Depuis longtemps, Sandra attendait cette occasion. Elle venait enfin d'obtenir de son patron l'autorisation de suivre un stage sur le nouveau logiciel. Il devait démarrer la semaine suivante et occuper six samedis consécutifs. Le samedi était un jour favorable : Bertrand pouvait s'occuper de leur fille de trois ans. Toute contente, elle lui raconte qu'elle est acceptée. Et s'attend naturellement à ce qu'il partage son enthousiasme. Il n'ignore pas combien cette formation est importante pour elle. Son commentaire la laisse pantoise : « Tant mieux pour toi, mais j'espère que tu as demandé à ta mère si elle pourra se libérer. » Sandra est abasourdie, elle ne parvient pas à prononcer un mot. Quel rapport avec sa mère ? Bertrand lui annonce de but en blanc qu'il a désormais l'intention de jouer au squash le samedi. Il a besoin de se détendre. Il était content d'avoir enfin réussi à décider son copain Pierre à faire quelque chose sans sa femme. Pas question pour lui de renoncer à ce projet.

Sandra est complètement affolée. Elle panique, voit s'évanouir ses chances de suivre le stage. Son patron va la prendre pour une incapable : pleurnicher pendant des mois pour, finalement, par un réflexe typiquement féminin, se dégonfler au dernier moment... Rouge de colère, Sandra se met à crier. Les larmes font couler le mascara, sa voix devient stridente. Bertrand utilise sa meilleure cartouche : « Tu devrais te voir ! Ce que tu peux être laide quand tu fais ta crise d'hystérie ! » Sandra se précipite dans la salle de bains ; elle se sent vaincue. Finalement, il n'a pas tort. Il travaille toute la semaine et en plus, elle voudrait lui imposer l'enfant le samedi – c'est plutôt égoïste de sa part.

Elle hésite entre retirer sa candidature au stage et faire une fois de plus appel à sa mère. Ou encore suivre son impulsion et quitter cet homme qui la laisse tomber au moment décisif.

Sandra est complètement piégée. Elle voudrait que Bertrand reconnaisse ses ambitions professionnelles, qu'il les encourage et les prenne au sérieux. Mais dès qu'elle veut s'en entretenir sérieusement avec lui et plaider sa cause pour, le cas échéant, le contraindre à tenir ses promesses, elle se fait l'effet d'une petite fille sans défense. Elle tient tête en trépignant, pleure, et perd son sang-froid. Pas étonnant qu'il s'en sorte aussi facilement. Avec une indulgence toute paternelle, il entreprend de lui expliquer comment il voit les choses, et ce que *lui* a l'intention de faire. Après ces discussions qui reviennent sans cesse, elle n'a qu'une envie : le quitter. Et en même temps elle désire lui plaire. Elle trouve sa propre attitude assez insensée. Elle veut partir, mais elle a peur qu'il ne la quitte. C'est sans doute pour cela qu'elle doit lui épargner la vue de cet affreux visage, tout gonflé de larmes. La peur d'être quittée est plus forte que le désir de fuir.

Ce ne sont pas nécessairement des peurs profondes qui empêchent les femmes de se réaliser, mais bien souvent d'innocents schémas fixant d'étroites limites à la pensée et à l'action.

LES FEMMES FORTES SONT-ELLES CONDAMNÉES À LA SOLITUDE ?

Le terme même d'indépendance peut être connoté négativement et suggérer des idées fausses. Nous l'associons souvent à la solitude. En disant : « Une personne indépendante est forcément seule », nous faisons un amalgame caractérisé, et trompeur. La peur de la solitude devient un piège pernicieux. Aussi de nombreuses femmes cherchent-elles à se rendre indispensables aux autres. Il faut qu'on ait besoin d'elles. Elles ont la hantise de devoir mener une existence solitaire. Elles se dévouent aux autres pour se sentir entourées, et n'en restent pas moins fondamentalement seules. Les pièges de la pensée sont multiples, mais l'une des grandes difficultés des femmes vient de ce qu'elles assimilent l'indépendance à la solitude.

Il est faux de penser que l'indépendance condamne à la solitude !

C'est au contraire la condition préalable à tout échange créatif, serein, ouvert. Seul celui qui ne dépend pas des autres peut décider en toute liberté qui il souhaite fréquenter et de quelle manière. Il n'y a que les individus indépendants et autonomes qui puissent se parler d'égal à égal.

Cela n'exclut pas l'entraide ou les services mutuels, pour autant qu'ils relèvent d'une décision libre et personnelle. C'est justement cette capacité à décider que beaucoup de femmes semblent avoir perdue. Aveuglées par la crainte de ne plus être aimées, elles agissent en fonction des besoins et des envies des autres et négligent les leurs. Elles ne veulent faire de peine à personne et ne demandent rien pour elles. Elles ne se posent même pas la question de ce qu'elles désirent vraiment. Dans le meilleur des cas, elles croient adhérer à ce qu'elles font par amour ou par égard pour les autres, et ne comprennent pas l'insatisfaction qui germe en elles. Elles se trouvent ingrates et imprévisibles.

> Les femmes devraient prendre le temps de réfléchir lorsqu'elles ont le sentiment de ne plus pouvoir se supporter ou d'être de mauvaise humeur sans raison apparente. Recherchez en vous-même ce qui entrave votre pensée. Posez-vous les questions suivantes : « Qu'est-ce que je ferais aujourd'hui si je pouvais décider seule, sans contrainte ? Qu'est-ce que j'aimerais entreprendre ? Le ferais-je seule ou avec quelqu'un ? »

LES FEMMES DOIVENT-ELLES ÊTRE MÈRES ?

Une bonne mère fait passer ses besoins en dernier.

Les enfants ont la priorité. Ils sont ce qui compte le plus dans la vie d'une femme.

La maternité est la preuve la plus tangible d'appartenance au sexe féminin. L'affirmation opposée selon laquelle une femme sans enfant ne serait pas une vraie femme est irrecevable d'un point de vue logique, et fort simpliste. Pourtant, elle semble très répandue, même chez les femmes qui s'épanouissent dans leur vie professionnelle.

Une biochimiste compétente avait avec son partenaire une liaison joyeuse et libre. Tous deux travaillaient dans le même laboratoire et trouvaient passionnant et stimulant d'échanger leurs points de vue. Jusqu'au jour où Aude eut trente-cinq ans et considéra qu'il devenait urgent pour elle de décider si, oui ou non, elle voulait être mère. L'insouciance disparut de sa vie comme l'air s'échappe d'un ballon. Elle décréta soudain que c'était une erreur dramatique de vieillir sans enfant. Il ne fut plus question que de cela : être enceinte à tout prix. Il lui fallut un an pour atteindre cet objectif. Après la naissance du bébé qui était devenu le but de sa vie, elle resta à la maison et fut, trois années durant, la plus heureuse des mères auprès du bébé le plus adorable qui soit. Malheureusement, elle ne put ensuite retrouver son poste, et il n'y eut pas un chef de laboratoire prêt à embaucher quelqu'un qui avait décroché depuis si longtemps. Sur quoi Aude devint la femme la plus malheureuse du monde, pleine de rage et de désespoir d'avoir, pour ces trois années merveilleuses, compromis son avenir. Elle finit par trouver un emploi, beaucoup moins intéressant cependant que celui qu'elle avait auparavant. Elle était manifestement surqualifiée, et loin d'éprouver la même satisfaction professionnelle.

Une femme a raconté que son médecin de famille, consulté pour des malaises diffus, lui avait donné le conseil suivant : « Faites d'abord un enfant ou deux. Lorsque vous vous sentirez une vraie femme, ces douleurs disparaîtront. »

Travail et enfants ne doivent pas s'exclure[2]. En effet, la femme qui n'est « que » mère risque d'exiger trop de son enfant, d'être omniprésente et de l'étouffer de sa sollicitude.

Les femmes dont le désir d'enfant n'est pas ou peu marqué et qui croient cependant avoir besoin de cette attestation biologique de leur féminité nous disent par exemple : « Je me sens incomplète, c'est comme si je passais à côté de quelque chose... » Ces phrases reflètent leur tiraillement intérieur. Répondant à la pression sociale, elles se lancent dans une grossesse et ne tardent pas à se sentir prisonnières. En fait, elles ne sont mères que « parce que toutes les copines se mettent à avoir des enfants », comme me l'a expliqué une femme qui souffrait beaucoup de son rôle de mère. De nombreuses femmes sont devenues mères sans en faire le choix positif. Elles n'ont pas réfléchi à ce que pourrait être une vie sans enfant.

LES FEMMES SONT-ELLES FORCÉMENT DES ÉPOUSES ?

Le mariage efface les peines de cœur[3].

Les filles n'ont pas besoin de faire des études (longues). Elles se marieront !

Beaucoup de mères, de pères et de filles sont plus ou moins convaincus que toute femme doit un jour se marier et avoir des enfants. Cela implique de trouver un homme qui subvienne à ses besoins. Quel que soit le niveau d'études ou le degré d'indépendance auquel cette femme est parvenue, l'objectif demeure le même : conquérir l'homme le plus performant à tous les égards. Pour réussir à ce jeu, il faut appliquer des règles claires qui transforment les femmes en gentilles petites créatures inoffensives.

Se trouver un mari continue malheureusement d'être une préoccupation centrale dans la vie d'une femme. Plus le statut social de l'homme sera élevé, et plus la femme gagnera en considération. « Moi qui suis femme de dentiste... », fait dire la publicité à une femme d'âge mûr, aimable et plutôt conservatrice. Le simple fait qu'elle ait épousé un dentiste est censé lui conférer une certaine autorité. Elle n'a pas besoin d'avoir suivi d'études. Sa compétence, elle l'a prouvée en s'attachant un homme qui a réussi. Le titre d'épouse semble bien être le seul auquel les femmes accordent vraiment de l'importance. Elles vont jusqu'à y sacrifier leur propre nom, bien que la réglementation en matière de patronymes offre d'autres possibilités. Même les femmes reconnues sur le plan professionnel tirent avantage du fait de vivre en couple. En l'absence d'un homme, leur succès personnel perd de sa valeur.

Pourtant, le statut d'épouse a son prix. Il ne réside pas dans la quantité de travail à fournir pour réussir des examens difficiles, mais dans l'aptitude à servir et à se soumettre. L'épouse sera disposée à se charger pour les autres des tâches moins gratifiantes et à considérer comme un bonheur d'être éternellement subalterne, de jouer le second violon. On admire, c'est vrai, les femmes insolentes, mais ce sont les naïves, les gentilles, les modestes et les dociles qu'on épouse, voilà ce que dit la rumeur populaire.

C'est l'homme qui doit affronter les difficultés de la vie (pas la femme) !

Une femme a le droit de travailler, un homme en a le devoir !

Même les femmes qui ont longtemps milité au sein d'organisations féministes se retrouvent aujourd'hui dans le rôle de braves mères de famille, astiquant la maison et faisant le matin un petit signe de la main au mari quand il part au travail pour pouvoir entretenir la famille. Les sympathisantes du mouvement féministe sont elles aussi piégées par des schémas de pensée suggérant que, en fin de compte, une femme a besoin d'un mari, ne serait-ce que pour assurer son niveau de vie. Avoir un métier, être indépendante, ce sont là des considérations secondaires, des étapes intermédiaires. Personne ne conteste aujourd'hui la nécessité pour les filles d'apprendre un métier. **Mais (!)** il ne peut être question pour elles d'ambition professionnelle. Leur formation servira dans les situations difficiles, au cas où elles ne réussiraient pas à trouver un pourvoyeur ou si celui-ci venait, pour une raison ou pour une autre, à faire défaut sans que le suivant ne soit en vue.

Les femmes sont professionnellement autonomes, voyagent seules et s'adonnent à leurs hobbies, jusqu'au moment où elles ont une liaison durable et où elles font un enfant. Au début, elles pensent pouvoir conserver leur liberté, mais les vieux clichés finissent toujours par refaire surface. Si les femmes insistent aujourd'hui davantage sur la répartition des tâches ménagères, elles n'en continuent pas moins à se sentir responsables de la bonne marche de la maison et des enfants. Aujourd'hui, il arrive parfois que l'homme nettoie l'escalier ou garde les enfants. Mais quand on a besoin d'une baby-sitter, c'est la femme qui la recrute. Et s'il devient nécessaire de prendre une femme de ménage, c'est elle qui s'en occupe. C'est elle aussi qui établit la liste des courses qu'il doit faire.

En revanche, lorsqu'il s'agit de décisions importantes comme l'achat d'une voiture ou d'un nouveau logement, c'est lui qui décide.

> Imaginez un scénario destiné à amener petit à petit votre partenaire à partager les responsabilités :
>
> Donnez-lui la liste des numéros de téléphone des baby-sitters en lui demandant d'appeler et de fixer rendez-vous. Dites-le-lui plusieurs fois, même si cela vous paraît insolite.
>
> Établissez ensemble la liste de courses jusqu'à ce qu'il acquière un peu de pratique.
>
> Prenez pleinement part à toutes les décisions.
>
> Énumérez les critères importants pour vous dans le choix d'une voiture et proposez-lui deux modèles !
>
> Imaginez que vous lui demandez de déménager pour des raisons professionnelles.

Je ne suis pas capable de me prendre en charge !

Ce piège mental peut s'exprimer autrement :

Être mariée me valorise. Je me sens plus sûre de moi, plus forte et plus entreprenante tant que j'ai un homme dans ma vie. On reconnaît mieux mes capacités si je suis mariée. Une femme mariée est davantage prise au sérieux. Avoir un mari dispense de travailler soi-même et protège des intrusions ; c'est une assurance vie.

L'exemple de Jennifer montre à quel point les femmes peuvent être convaincues d'avoir besoin d'un homme. Le piège pour elle se résumait en une phrase : « Je n'y arriverai pas toute seule. »

Jennifer est traductrice et mariée à Fabien depuis quinze ans. Ils ont trois enfants, Charlotte, quinze ans, Olivier, treize ans, et Julie, neuf ans. Il y a cinq ans, ils ont acheté une maison avec jardin à la périphérie d'une petite ville. Jennifer ne s'est jamais arrêtée plus du temps réglementaire à chaque grossesse. Lorsque Sabrina, leur quatrième enfant, est née, elle a bien envisagé de profiter du congé parental de six mois, mais elle a repris au bout de trois mois car l'entreprise manquait de personnel. Elle a travaillé plusieurs années à temps partiel, augmentant son nombre d'heures à mesure que les enfants grandissaient

Jennifer est heureuse dans sa maison, elle apprécie son jardin quand elle rentre du travail. Elle milite dans un parti politique depuis 1968 et, dès son emménagement, on lui a proposé de s'engager davantage. La politique l'a toujours intéressée, et son travail lui permettait de nouer des contacts. Et puis, elle s'est sentie flattée qu'on fasse appel à elle.

Jennifer est efficace, elle assume sa profession, gère la maison, élève les enfants et milite avec enthousiasme. C'est une femme forte, sûre d'elle. Il semble bien que Jennifer ait une carrière politique devant elle. Elle n'avait pas cru que cette chance-là se présenterait.

Pourtant, tout se trouve brutalement remis en cause. Pour des raisons financières peu convaincantes à première vue, son mari insiste pour qu'ils vendent la maison et s'installent dans la grande ville la plus proche, cela juste au moment où l'engagement politique de Jennifer commençait à payer.

Jennifer cède, tout en sachant que les arguments financiers avancés par son mari ne sont que des prétextes. Elle ignore ce que cache cette décision mais n'ose pas approfondir. Elle donne son accord. La maison est vendue. Elle laisse tomber sa carrière politique.

Il est au premier abord surprenant que son mari puisse exercer ce chantage avec succès. Les liens qui unissent Jennifer à Fabien se sont relâchés depuis longtemps. S'ils continuent de mener vie commune, c'est plutôt par commodité. Ils n'avaient pas jusqu'ici de véritable raison de se séparer. Et puis, il y a les enfants.

Jennifer semble tenir à son couple tout à coup. Elle est fermement persuadée d'avoir besoin de Fabien. Sans lui, elle en est sûre, elle ne peut réussir.

Une femme seule n'a, pense-t-elle, aucune chance dans la vie professionnelle ou en politique. En mettant son statut de femme mariée au-dessus de son engagement politique ou de ses qualités professionnelles, elle déprécie son travail. L'image d'épouse et de mère lui semble plus importante que les capacités dont elle fait preuve. Elle craint, si elle vit seule, que ses amis politiques n'en estiment moins son travail et sa personne. Et ne se considère pas suffisamment compétente pour jouer un rôle dans une grande ville. Elle renonce finalement à sa carrière de peur de perdre son statut d'épouse. Elle ne se croit pas capable de gérer sa vie seule, alors que les perspectives sont excellentes.

Jennifer ne voit pas les possibilités qui s'offrent à elle. Elle voudrait garder sa maison mais n'a pas l'idée de s'informer sur la marche à suivre. Pourtant, c'était elle qui jusqu'ici suivait les comptes et s'occupait des remboursements du prêt. Il lui suffirait de rencontrer son banquier pour réaliser qu'une femme seule peut tout à fait conserver sa maison. Mais elle a décidé une fois pour toutes qu'il ne lui était pas possible de s'assurer un toit ainsi qu'à ses enfants. La menace de se retrouver seule, séparée de son mari, semble avoir paralysé toutes ses facultés.

La peur de ne pas pouvoir se débrouiller seule est profondément ancrée chez beaucoup de femmes, y compris celles qui ont l'habitude de régler les problèmes de la famille.

Jennifer sait pertinemment qu'elle n'a encore jamais eu besoin de l'aide de personne. Pourtant, elle ne démord pas de l'idée que la seule existence possible pour elle est celle que garantit son statut d'épouse de Fabien. Sa propre expérience ne peut rien contre le schéma de pensée enraciné en elle :

La femme a besoin d'un homme, elle a besoin de quelqu'un qui l'encourage, qui l'aide et la secoure.

Il ne faut pas sous-estimer non plus la peur de perdre la reconnaissance des autres. Si une femme se retrouve seule, on en déduit qu'elle a un problème. Ce sentiment diffus peut à lui seul entraîner les femmes à tout accepter pour rester en couple, quitte à contrarier leurs propres aspirations ou leurs sentiments.

Jennifer pense qu'en se montrant accommodante, elle gardera son mari. C'est *lui* qui veut s'installer dans la grande ville voisine, mais c'est *elle* qui s'occupe du déménagement et de l'installation dans leur nouveau logement ; *elle* qui explique aux enfants le chemin de leurs écoles respectives, et qui organise des soirées pour les aînés et des après-midi de jeux pour la cadette afin qu'ils rencontrent des jeunes de leur âge. *Elle* qui fait en sorte que les autres se sentent bien, et qui veille à ce que le déménagement ne perturbe pas trop les enfants ; *elle* enfin qui donne le change pour que Fabien n'ait pas mauvaise conscience à son égard. Et *elle* se croit incapable d'assurer sa propre existence et d'organiser sa vie avec les enfants !

Elle espère que sa docilité sauvera leur couple, et renonce pour cela à tout ce qui est important ou profitable pour elle. Elle se plie à ce qu'elle croit être son destin, ignorant toutes les autres voies.

Le renoncement ne peut pas constituer une solution définitive.

Jennifer se vengera, mais de manière subtile, comme le font souvent les femmes. Elle dépense des sommes astronomiques pour se réconcilier avec son destin. D'abord un petit voyage, en avion bien sûr, pour se remettre de la fatigue du déménagement. Deux semaines de séjour en club de vacances avec une copine. De nouveaux meubles, car « ça ne vaut pas le coup d'emporter les vieux trucs ». Elle sort souvent le soir : ce n'est pas parce qu'elle ne milite plus qu'elle a l'intention de rester moisir à la maison. Le conflit était programmé. Jennifer s'est tue face à son mari, mais elle a déplacé sa colère sur d'autres fronts.

Elle croyait agir raisonnablement et judicieusement, et ne voyait pas qu'elle oubliait de prendre en compte ses propres aspirations. Elle se forçait à la décontraction, et ne réussissait à satisfaire que des désirs apparents ou illusoires.

Les femmes n'ont pas appris qu'il leur fallait commencer par explorer leurs envies réelles. Elles ne cherchent pas à identifier leurs besoins, ni les craintes qui les dissuadent de suivre leur voie. Si Jennifer avait pris le temps de réfléchir, elle aurait réalisé que ses succès politiques, le travail avec ses camarades de parti et le sentiment de faire bouger les choses contribuaient largement à son bonheur. Elle aurait ressenti l'irremplaçable profit qu'elle tirait de son travail, en termes de reconnaissance et de respect de soi. Elle y renonce imprudemment aujourd'hui, au nom de la contestable image de femme mariée.

Le piège, pour Jennifer, consistait à penser qu'elle avait besoin de l'étiquette « épouse de... ». Elle y a sacrifié le respect de soi.

Mais Jennifer en attendait aussi un bénéfice : ne pas avoir à saisir les opportunités qui se présentent. En contrariant ses projets, son mari la préservait d'un éventuel échec, et aussi de la nécessité d'assumer une carrière avec toutes les conséquences que cela implique.

Jennifer a prouvé qu'elle pouvait agir de manière indépendante et autonome. Elle a pris des décisions importantes, non seulement pour sa famille mais aussi pour des parents proches. Elle sait régler des problèmes financiers, garder la tête froide dans les moments de crise et faire preuve d'énergie quand l'un des siens est malade. Elle est capable de *gagner sa vie, jouer un rôle politique, convaincre les autres et les rallier à sa cause.*

Tout cela, elle l'a démontré. Elle ne doit sa réussite ni à son mari ni à quiconque. Il faut que Jennifer en prenne conscience. Il faut qu'elle croie en elle et en ses capacités. Il faut qu'elle admette enfin mériter considération et respect pour elle-même, quelle que soit sa situation de famille. Et il faut qu'elle exige avec force la reconnaissance de son travail.

> Cette hésitation à faire le premier pas vous rappelle-t-elle quelque chose ? Et cet empressement à laisser tomber ce qui vous tient à cœur ? L'attitude qui consiste à agir contre ses intérêts vous est-elle familière ? Dans ce cas, vous devez apprendre à avoir de la considération pour vous-même. Le sentiment de votre valeur ne doit pas être conditionné par la présence ou non d'un homme à vos côtés. Il faut croire en soi si l'on veut être aussi crédible aux yeux des autres.

Pièges de la pensée dans la vie professionnelle

« LA SERVIABILITÉ EST TOUJOURS RÉCOMPENSÉE »

Il y a pour cette règle d'autres formulations possibles :
– Les efforts finissent toujours par être reconnus.
– On ne gagne rien à se mettre en avant.
– La modestie est toujours payante.

Les femmes considèrent que, par-delà la compétence et l'ardeur au travail, le sourire et la gentillesse constituent de bons atouts dans la vie professionnelle. Elles persistent à penser que le dévouement est le meilleur moyen de se faire reconnaître, alors même que leur propre expérience le dément.

Sabine travaille depuis un an dans un cabinet d'avocats. Avocate elle-même, elle espère être bientôt associée. Ses deux règles de vie sont : « Ne ménage pas ta peine » et « Sois prête à accepter tous les travaux qu'on te donne ». Son grand-père, déjà, avait inscrit dans l'album de poésie de Sabine : « Sois toujours serviable et bonne, le courage ne t'abandonne. » Sabine y croit, elle a érigé cette phrase en principe de vie. C'est grâce à son travail acharné qu'elle a mené ses études à terme. Elle a tenu bon, même lorsque la charge était lourde. Jamais elle n'a baissé les bras, allant jusqu'à aider les autres étudiants à passer les caps difficiles. Cette capacité à s'investir lui a permis d'obtenir son emploi actuel. Dès sa période d'essai, elle a prouvé qu'elle était toujours prête à rendre service. Et aujourd'hui encore, elle n'hésite pas à donner un coup de main quand c'est nécessaire. Sabine finit le travail des secrétaires lorsque celles-ci veulent partir plus tôt et n'ont pas terminé un dossier important. Elle entend montrer par là qu'elle ne méprise pas leurs tâches, et cherche en même temps à leur plaire. Et puis, il faut que les femmes se serrent les coudes. Étudiante, il lui arrivait de travailler comme secrétaire occasionnelle, et elle sait taper à la machine. Elle reste jusqu'à minuit, revient parfois le week-end et ne se plaint jamais. Elle tape des dossiers et exécute des tâches sans intérêt.

À chaque fois que l'un des associés l'appelle dans son bureau, elle espère se voir proposer un contrat d'association ; n'accomplit-elle pas parfaitement sa tâche et ne rend-elle pas volontiers service ? Malheureusement, les choses ne se passent pas comme elle l'avait prévu. Un collègue arrivé après elle a déjà entamé des négociations sur une prise de participation dans la société. Sabine n'arrive pas à comprendre ce qui n'a pas marché. Certes, le collègue s'est investi, mais beaucoup moins que Sabine qui a accumulé les heures supplémentaires et systématiquement remplacé toute secrétaire absente. Jamais *lui* n'aurait accepté de faire cela.

Et le voilà posant ses conditions, tandis qu'elle est condamnée à rester sur la touche. Il est hors de question que le cabinet prenne deux associés. Sabine commence à soupçonner que ce n'est pas la gentillesse qui mène au succès, mais l'audace. En tout cas, cela semble être une bonne stratégie pour les hommes.

L'espoir qu'on lui offrirait une participation dans l'entreprise sous forme de contrat d'association ne s'est pas réalisé. Sabine a commis une erreur typiquement féminine en croyant qu'il suffisait d'être compétente, travailleuse et gentille pour réussir. Elle a cru qu'existait un accord tacite selon lequel elle engageait sa capacité de travail, son zèle, son dévouement, son désintéressement et obtenait en contrepartie, et dans des délais raisonnables, une offre de partenariat.

Son calcul était mauvais parce que ses patrons ignoraient cet « accord ». Sabine avait négligé une règle fondamentale : il faut savoir poser des exigences claires. Il lui aurait fallu dire ce qu'elle souhaitait et comment elle imaginait cette collaboration. Négocier le cadre de référence permettant d'évaluer la contribution qu'elle devrait fournir pour entrer dans l'association. Ce que Sabine prend pour une offensive insolente n'est en réalité qu'une revendication claire et sans ambiguïté. C'est la seule stratégie possible pour obtenir ce que l'on veut. Elle vaut de la même manière pour les femmes et pour les hommes. Une chose est sûre : une femme qui se charge de travaux d'exécution ne peut être une associée. Il aurait été plus habile de la part de Sabine de montrer qu'elle était capable de trouver du personnel d'appoint pour les travaux en retard. Ou qu'elle savait motiver ses secrétaires de façon à les impliquer davantage dans leur travail, à réduire l'absentéisme et à obtenir qu'elles restent parfois un peu plus tard le soir.

Sabine est certainement une avocate compétente, mais ce n'est pas suffisant. Les règles en vigueur dans le monde du travail lui échappent, à savoir :

> Se concentrer sur des travaux susceptibles de servir sa carrière.
>
> Se fixer des objectifs à long terme et ne pas les perdre de vue.
>
> Ne pas se préoccuper de ce que les autres peuvent penser.
>
> Conclure des accords clairs et sans équivoque.

Sabine, elle, a été gentille !

Elle a gaspillé son énergie en se chargeant de tâches moins qualifiées, au lieu de privilégier les dossiers mettant en valeur ses qualités de juriste.

Elle s'était effectivement fixé comme but d'entrer dans l'association mais elle a fini par le perdre de vue. Elle s'est enlisée dans la paperasse, tapant des documents ou exécutant des tâches routinières qui l'éloignaient d'affaires plus prestigieuses et gratifiantes.

Elle aidait les autres pour se faire apprécier, et de cette manière compromettait sa carrière sans s'en apercevoir. De crainte de passer pour une arrogante aux yeux des secrétaires, elle s'est mise sur un pied d'égalité avec elles, les déchargeant de leur travail au lieu d'utiliser leurs compétences pour alléger le sien.

Sabine n'est pas convenue clairement avec ses patrons des prestations qu'elle devait fournir si elle voulait s'associer, ni des délais dans lesquels devrait se négocier le contrat.

Au lieu de prendre l'initiative, elle a patiemment attendu qu'on lui propose une participation.

Beaucoup de femmes ont cette tournure d'esprit. Lorsqu'il s'agit de montrer de quoi elles sont capables, elles pensent ne pas avoir le droit de mépriser les tâches répétitives ou même le travail non rémunéré.

La vie privée cache parfois des pièges analogues : Isabelle possède une petite boutique qui marche bien. Pourtant, malgré des journées de travail de dix heures, c'est elle qui fait le ménage, au magasin comme à la maison. Embaucher une femme de ménage la mettrait mal à l'aise. Les voisins et les amis risqueraient de la prendre pour une prétentieuse, une frimeuse.

Pendant deux ans, Hélène a travaillé bénévolement comme psychologue dans un établissement pour personnes dépendantes. Lorsqu'un poste à temps partiel a été créé, elle a cru qu'elle l'obtiendrait. Mais elle s'est trompée. Pourquoi payer quelqu'un qui accepte de travailler pour rien ?

« JE DOIS FAIRE CE QUE L'ON ATTEND DE MOI »

Ce piège mental peut lui aussi prendre des formes diverses. Il y a d'autres phrases qui y conduisent directement, comme : « La gentillesse est toujours récompensée. »

Fais scrupuleusement ce que l'on te demande, et tu ne risqueras pas de te tromper.

Ne réponds que lorsqu'on te pose une question. Garde tes idées et tes opinions pour toi, cela t'évitera de te rendre ridicule.

Ne te mets pas en avant ! Attends patiemment qu'on découvre ta valeur.

Même à cet égard, les contes délivrent aux femmes de puissants messages. Pendant des années, Cendrillon a fait exactement ce que sa méchante belle-mère exigeait d'elle. Elle travaillait dur, sans rien demander, sans même récriminer. Mais sa docilité n'était pas récompensée. Il a fallu qu'elle enfreigne les règles, qu'elle quitte la maison, se procure de beaux habits et se rende au bal contre la volonté de sa belle-mère pour que les choses se mettent à bouger. Les événements ont pris un tour favorable à partir du moment où Cendrillon a abandonné son attitude gentille et passive.

C'est une règle universelle. Les femmes qui se mettent au service des autres avec dévouement et humilité, et qui se chargent des tâches ingrates, ne récolteront en retour ni récompense ni reconnaissance. C'est une aubaine d'avoir auprès de soi quelqu'un qui accepte de faire les corvées à votre place. Il n'y a aucune raison de lui procurer un travail plus gratifiant.

Les femmes doivent arrêter de jouer les servantes mais au contraire braver les lois et les interdits qui les contraignent à exécuter des tâches dont elles ne tirent aucun profit. Je retrouve souvent le syndrome de la douce Cendrillon chez des femmes ayant une activité professionnelle.

Christine est graphiste. Elle a des idées originales, travaille avec soin et investit une part non négligeable de son temps libre à se familiariser avec les techniques de conception assistée par ordinateur. Il y a trois ans, elle a obtenu son premier poste dans une agence importante. Elle pouvait faire état de certificats et de travaux excellents, et s'attendait alors à une carrière rapide. Christine est en colère aujourd'hui parce que l'on continue de la cantonner dans les travaux de second ordre. Elle réalise bien de petites commandes de temps à autre, mais on ne lui confie pas de projet ambitieux qu'elle aurait à conduire seule. Elle est pourtant convaincue de son savoir-faire et elle a plusieurs fois laissé entendre qu'elle accepterait volontiers des tâches plus complexes.

Ses patrons aussi attestent la qualité de son travail, son exécution soignée. On apprécie ses idées judicieuses. Pourtant, ce sont toujours les mêmes collègues, généralement masculins, qui récupèrent les commandes intéressantes. Christine insiste sur le fait qu'elle respecte fidèlement le cahier des charges. Elle accomplit parfaitement sa tâche. Ses collègues, en revanche, ne paraissent pas très sérieux. Ils modifient les données de départ, et laissent aller leur imagination. Souvent, le résultat n'a plus grand-chose à voir avec le projet initial du client. Pourtant, celui-ci semble satisfait.

Lors d'un déjeuner, Christine interroge à ce sujet l'un des collègues en question. Il est tout sauf désinvolte, et lui explique comment il procède. Il essaie de deviner ce que le client souhaite réellement. Le plus souvent, les suggestions des clients reposent sur ce qu'ils ont vu chez les autres. Ou alors il s'agit d'ébauches personnelles. Ce qu'ils veulent, finalement, c'est que le professionnel en fasse quelque chose de plus grandiose. Le client accordera généralement plus d'importance à une inspiration géniale, qu'à la satisfaction de voir pris en compte son avis de non-spécialiste. Christine a beaucoup d'idées lumineuses, souvent sa vision du projet est bien différente de celle du client. Mais elle n'a pas jusqu'à présent jugé opportun d'y mettre sa touche d'audace et de proposer une réalisation différente.

Cette conversation fut décisive. Christine décida de mettre davantage ses idées en avant. Elle commença, au début avec réticence et seulement sur de petites commandes, à faire passer ses propres conceptions avant celles de son client.

Celui-ci se vit donc soumettre deux projets, l'un conforme à ce qu'il avait souhaité, et l'autre tel qu'elle l'imaginait. La plupart des clients approuvèrent l'idée nouvelle, souvent même avec enthousiasme. Le patron de Christine avait remarqué lui aussi qu'elle faisait preuve d'une plus grande initiative. On lui confia des travaux plus ambitieux et des clients plus importants.

Aujourd'hui, tout en gardant à l'esprit les souhaits du client, elle commence toujours par se demander quelle forme elle donnerait au projet. Et à partir de là, elle élabore sa proposition. Lorsque le client ne veut pas en entendre parler, et seulement dans ce cas-là, elle répond concrètement à sa demande. Christine l'a maintenant bien compris : le collaborateur qui exécute son travail de manière fiable et prévisible, qui livre le jour fixé un travail conforme à ce que l'on attendait, est indispensable à la bonne marche de l'entreprise et il y conservera sans doute un poste sûr.

Feront carrière en revanche ceux qui profitent des tâches qui leur sont confiées pour se profiler. Ils brusqueront peut-être les autres, mais ne resteront certainement pas toute leur vie au même poste. Ils quitteront leur entreprise dès qu'ils auront en vue un emploi plus valorisant.

> Les gens qui réussissent sont ceux qui se font entendre, expriment ce qu'ils souhaitent et posent leurs exigences. Ils ne cachent pas leur volonté de se charger de tâches exceptionnelles.

Autre piège de la pensée :

On ne peut être sûr d'avoir bien accompli sa tâche que lorsqu'on est épuisé !

Et ses variantes :

Ce que l'on obtient sans effort n'a aucune valeur.

Il est gênant de devoir faire travailler les autres pour soi.

Je dois montrer que je ne ménage pas ma peine.

Je n'hésite pas à me charger de travaux subalternes.

Les femmes se prennent pour des orgueilleuses et des exploiteuses lorsqu'elles font travailler les autres pour elles. Elles se sentent obligées de faire elles-mêmes ce qui est ennuyeux, difficile, ou ce qui prend du temps. Ces travaux que « l'on ne peut tout de même pas exiger des autres », elles les exigent d'elles-mêmes. Il faut qu'elles se soient donné du mal, qu'elles soient vraiment « allées au charbon », pour avoir le droit de récolter les lauriers du succès : toute récompense se mérite. Et mériter, cela signifie : travailler dur. Le travail agréable, gratifiant, pas vraiment éprouvant, est un luxe ; il n'a pas de valeur. Les femmes qui accomplissent leur travail sans que cela leur pèse, voire en y prenant un certain plaisir, ont souvent le sentiment de n'avoir rien fait. Le travail aisé n'a pas de valeur. C'est pourtant la situation de celui qui a acquis une certaine expérience dans la profession. Dès que, parce qu'on est devenu plus habile à la tâche, on n'a plus besoin de se préparer longuement, ou quand on ne connaît plus les affres du doute, on a l'impression de ne pas avoir vraiment travaillé. Et donc, de ne pas avoir mérité son salaire. On n'a pas dû se donner assez de peine, la récompense survient sans que l'effort ait été sensible. Cela ne peut pas marcher.

Anne écrit dans un journal local depuis douze ans déjà et connaît son domaine. Elle travaille vite, et avec efficacité. Comme elle a un bon style et respecte les délais, on lui confie souvent des travaux passionnants. Anne les exécute sans difficulté, pourtant elle n'est pas satisfaite. Elle a l'impression que quelque chose ne va pas. Les collègues soupirent à la tâche et sont complètement crevés à la fin de la journée, elle non. Elle commence à se demander si elle ne néglige pas son travail.

Anne ne parvient pas à savourer ses succès et son savoir-faire. Au lieu de se réjouir de bien maîtriser son travail et de s'y sentir à l'aise, elle doute d'elle-même.

Nombreuses sont les femmes incapables d'estimer leur travail à sa juste valeur parce qu'elles y sont devenues plus expertes. Elles pensent qu'il ne vaut rien, craignent de ne pas fournir assez d'efforts. C'est à leur fatigue physique et intellectuelle qu'elles mesurent la qualité de leur prestation, et non à son exécution soignée, à la créativité dont elles font preuve, ou à la reconnaissance des autres. Résultat : les femmes travaillent jusqu'à être épuisées. Ce n'est pas parce qu'elles ont réalisé correctement un travail qu'elles le considéreront comme terminé, mais plutôt en fonction de leur degré de fatigue. Si les femmes ont souvent l'impression d'être vidées, c'est aussi parce qu'elles mettent la barre trop haut et ne tirent pas de leurs succès une satisfaction légitime.

Beaucoup de femmes doivent apprendre la chose suivante :

Le travail réalisé sans peine a néanmoins de la valeur. C'est justement quand, l'expérience venant, on avance rapidement et sans effort excessif qu'on peut être fier du travail accompli.

La peur du pouvoir

« Le pouvoir est tout ce qui permet d'imposer sa volonté dans une relation sociale, même contre l'opposition des autres. »

Max Weber

Les femmes renoncent au pouvoir et les hiérarchies existantes s'en trouvent renforcées. Des structures de pouvoir figées se maintiennent en place, avec l'appui involontaire des femmes.

L'idée de pouvoir a une connotation péjorative pour beaucoup de gens. Ils y associent corruption, abus, manque de scrupules. La plupart des femmes refusent le pouvoir, elles ne veulent pas imposer leurs idées aux autres. Qu'elles le fassent pourtant, pour finir, et de subtile manière, elles ne veulent pas l'admettre, même en leur for intérieur. Elles redoutent leur propre pouvoir, car on n'aime pas véritablement celui qui a le pouvoir.

La peur d'exercer un quelconque pouvoir se manifeste dans de nombreux pièges mentaux ; je veux parler de ces affirmations qui guident les femmes dans leur action sans jamais avoir été vérifiées, de ces préjugés qui barrent aux femmes l'accès au pouvoir. En voici un aperçu :

Celui qui fait usage de son pouvoir se condamne à la solitude !

Fais scrupuleusement ce que l'on te demande !

Le pouvoir ne sert qu'à exploiter autrui !

Les femmes ne sont pas capables d'assumer des responsabilités !

Il est malhonnête d'utiliser ses relations pour accéder au pouvoir !

En réalité, ce sont les femmes qui gouvernent le monde !

Il faut constamment lutter si l'on veut conserver son pouvoir !

Les gentilles filles se tiennent à l'écart de la compétition !

Noms et titres ne sont que vanité !

Les puissants ont vendu leur âme au diable !

Je ne dois prendre aucun risque !

Le pouvoir rend impopulaire !

Celui qui cherche à s'élever sera rabaissé !

LE POUVOIR ENGENDRE-T-IL LA SOLITUDE ?

Succès et pouvoir vont de pair. Or, à sa manière, chacun de nous a envie de réussir. Et plus on recherche le succès, plus l'idée de pouvoir est proche. Dans la vie professionnelle, suivre le chemin du succès et du pouvoir signifie : faire carrière. C'est une voie sur laquelle les femmes en particulier craignent de se retrouver isolées. La plupart d'entre elles pensent que ne s'y engagent que des hommes. Ils sont ces combattants solitaires et impitoyables qu'on admire et qu'on plaint tout à la fois. Selon la logique féminine, ce ne peut être que le choix d'un homme solitaire. Il en va autrement pour celle qu'on considère comme une femme de pouvoir. Elle réfrène son appétit de pouvoir, adopte dans certaines situations décisives un profil bas, choisit le chemin le plus tranquille, et non le plus abrupt. Dans les moments de doute, elle prendra le parti de l'amitié, de la solidarité et de la convivialité.

Elle n'a pas compris que la solitude n'était pas liée au succès et au pouvoir, contrairement à ce que semblent prouver les exemples trop nombreux d'hommes puissants et solitaires. Ils ne sont pas probants, mais l'on ne s'en aperçoit pas tout de suite. Pour beaucoup d'hommes, en effet, le pouvoir implique des luttes de prestige, l'abandon des activités entre copains, le renoncement à la vie de famille. En agissant ainsi, ces hommes créent les conditions de la solitude. Ils sont prisonniers de stéréotypes masculins, de la même manière que les femmes s'accrochent à leurs schémas de pensée féminins. Les femmes ne sont pas obligées d'adopter ce style de vie pour accéder à la puissance et à la réussite. Si elles n'osent pas explorer de nouvelles voies, elles s'entravent elles-mêmes. Bon nombre d'hommes et encore plus de femmes ont de la « carriériste » une image dévalorisante, celle d'une fille dont personne n'a voulu et à laquelle ne s'offrait pas d'autre possibilité. On la traite d'enquiquineuse, obligée de pourvoir à ses besoins parce que personne ne s'intéresse à elle. Elle n'aurait pas d'autre choix que de réussir, et ne se serait engagée que par nécessité sur le chemin de la gloire. Une telle argumentation ne dit pas clairement si, en fin de compte, c'est le pouvoir qui fait le vide autour de soi, ou si ce sont les femmes solitaires qui se transforment en bêtes de combat assoiffées de pouvoir. Quoi qu'il en soit, les femmes craignent que le pouvoir n'engendre obligatoirement la solitude. Et elles ne souhaitent en aucun cas être considérées comme celles dont personne n'a voulu, ou finir vieilles filles.

Il n'est pas facile de sortir de ce piège. Si les ambitieuses ne sont pas forcément solitaires, la femme qui s'investit dans sa carrière a moins de temps pour s'occuper des autres. Elle-même a besoin de se sentir revigorée après ses longues journées de travail. Sa vie n'est cependant pas dépourvue de joies et d'amis. On ne peut pas dire qu'elle ne pense qu'à son travail.

Les femmes qui ont des objectifs professionnels clairs et assument leurs tâches avec énergie sont d'ailleurs celles-là mêmes qui développeront une grande activité pendant leurs loisirs. Leur force leur permet de soutenir les autres et, en même temps, elles ont suffisamment confiance en elles pour réclamer l'aide et le soutien des collègues et des amis. Elles profitent de leur temps de loisir pour recharger les batteries, savourent chaque minute de vacances et ont plaisir à retrouver ceux qui leur sont proches.

Béatrice a échappé au piège de la solitude du pouvoir. Elle poursuit ses objectifs professionnels avec détermination, sans craindre la solitude. Elle apprécie de pouvoir décider seule et d'être capable de définir clairement les tâches qu'elle confie aux autres. Cela ne la trouble pas si, parfois, l'un ou l'autre semble mal à l'aise, râle ou adopte à son égard une attitude hostile parce qu'il n'arrive pas à faire ce qu'elle lui demande. Elle connaît son affaire, fait preuve de la fermeté professionnelle nécessaire et sait motiver habilement ses collaborateurs. Béatrice dirige le service commercial d'un laboratoire pharmaceutique, elle est mariée et mère de deux enfants de quatre et sept ans. On la soupçonne quelquefois de ne pas être une vraie femme. Elle n'aurait pas ces qualités qui font une épouse attentive et une bonne mère. Le midi, les filles mangent froid, et l'après-midi, après l'école, elles doivent se débrouiller seules. Leur mère ne les aide pas non plus à faire leurs devoirs. Alors, les mauvaises langues demandent pourquoi elle a des enfants puisqu'elle n'a pas le temps de s'en occuper. Elle ne peut pas non plus bavarder avec ses filles quand elles reviennent de l'école et du jardin d'enfants, moment important entre tous, dit-on. Et le soir, quand rentre le père, lui aussi très impliqué dans son travail, c'est une maison vide qui l'attend, ou alors deux petites filles qui se précipitent à sa rencontre, pressées qu'il joue avec elles. Doit-on critiquer cette mère ? Cela n'émeut pas Béatrice, elle savait qu'elle aurait à faire face à ces préjugés. Elle se doutait qu'on attaquerait sa façon de vivre. Elle a cherché le soutien de ses amies et des collègues qui lui sont proches. Elle veille tout particulièrement à la qualité des échanges en famille. Elle se sent sûre d'elle. Les jeux et les chahuts avec les enfants sont un moment de bonheur pour tous. Son travail constitue un enrichissement pour son couple. Son mari est fier de son succès.

Elle sait que beaucoup sont sceptiques à son égard. Mais elle a l'appui de son mari et de ses enfants. Il arrive pourtant qu'elle aussi ait des doutes : quand l'une des filles est malade, ou lorsque la grande a dû affronter les premières semaines d'école primaire. L'inquiétude n'est finalement pas complètement absente. Dans ces cas-là, elle discute avec son mari et ses enfants. Elle cherche de l'encouragement auprès de ceux dont l'avis compte vraiment pour elle.

Clients et collègues, hommes et femmes, essaient de la déstabiliser à l'occasion. Ils lui reprochent son manque de chaleur envers les siens. Elle en est d'abord troublée, puis elle y voit clair à nouveau. Les jours où elle n'est pas en forme et où elle commence à ruminer, elle appelle son mari, ou une copine, qui lui remet les idées en place. Le soutien des amis compte beaucoup, même pour une femme volontaire.

En dehors de ces cas rares, la recherche du pouvoir demeure un tabou omniprésent dans la vie de nombreuses femmes. Même la Nouvelle Femme ne se voit concéder qu'une petite portion d'ambition. On attend qu'elle fasse du bon travail, mais elle ne doit pas viser trop haut. Tout de suite, on brandit la menace de la solitude. Les hommes seulement ont le droit d'en vouloir plus. Cette détestable peur de perdre un peu de sa féminité confère au terme même de carrière une dangereuse résonance. Une femme dont la carrière était pourtant reconnue fit la proposition suivante : « Parlons plutôt de parcours professionnel – le mot carrière évoque l'absence de scrupules. » Avancer à petits pas, voilà ce à quoi l'on doit aspirer. En raisonnant ainsi, on renforce inconsciemment l'idée du danger d'être ambitieux, autre piège de la pensée. Une femme ne veut ni ne doit faire carrière. La femme qui a de l'ambition niera donc son appétit de pouvoir et ses aspirations professionnelles, de peur de paraître dure et froide. Les femmes pourront discuter pendant toute une soirée de la manière de camoufler ses ambitions professionnelles sans abandonner l'image traditionnelle de douceur et de féminité. Mais si un homme prend l'avantage, elles se sentent victimes de discrimination. Elles briguent des postes élevés sans réelle conviction, retenues par la crainte de se trouver soudain isolées sur le chemin du pouvoir. Et laisseront les autres, en général des hommes, leur passer devant. À moins qu'elles ne restent là où elles sont, par fidélité à leur patron. Elles choisissent elles-mêmes la voie de garage. Si elles ont de la chance, on leur décernera la prime de loyauté.

Il y a beaucoup de femmes qui, bien qu'ayant des perspectives d'avenir, se sentent des liens et des obligations vis-à-vis de leur chef ou de l'entreprise, à tel point qu'elles n'envisagent pas de changer d'emploi. Elles sont reconnaissantes du fait qu'on les traite gentiment. « Il vaut mieux tenir que courir*. »

Garde tes idées pour toi !

Les femmes acceptent trop facilement les règles du jeu. Elles analysent rarement le pourquoi des contraintes qu'on leur impose, mais s'y adaptent docilement. Même quand elles n'y adhèrent pas réellement et que la plupart des règles ne servent qu'à les enchaîner à leur rôle.

Celui qui respecte scrupuleusement les règles ne sera jamais un novateur. Ce n'est pas ainsi qu'on change les choses ou qu'on les fait avancer. Seul celui qui édicte ses propres règles et choisit le cadre dans lequel il peut s'épanouir prend son destin en main. Il fixe en même temps le rôle que les autres joueront pour lui. Seuls ceux qui osent dire : « C'est une règle ancienne, elle ne me convient pas, je vais essayer autre chose », et qui agissent dans ce sens, pourront réaliser leurs objectifs.

Les femmes n'ont pas appris à poser des limites à l'ingérence des autres dans leur propre vie. De peur de disposer des autres, elles renoncent à définir ce qu'elles veulent. Les Nouvelles Femmes sont elles aussi des femmes dociles. Elles portent encore la trace des liens de l'enfance. Elles ont intégré les règles, les normes et les traditions de leurs mères et

* Le proverbe allemand dit : « Il vaut mieux avoir un moineau dans la main qu'un pigeon sur le toit », *Ein Spatz in der Hand ist besser als eine Taube auf dem Dach. (N.d.T.)*

de leurs grands-mères. Elles continuent au fond d'elles à essayer de s'y tenir, même quand ces règles ne sont pas vraiment conciliables avec la vie qu'elles mènent et l'idée qu'elles se font de leur existence. Elles se serrent dans leur vieux corset, même si par-dessus elles portent des habits neufs.

« Garde tes suggestions pour toi. De toute façon, les autres s'y connaissent mieux que toi. Tu ne feras que te ridiculiser. » Rien que le souhait de modifier les règles ou de ne pas en tenir compte déclenche des sentiments de culpabilité. L'idée de pouvoir est quasiment sacrilège pour une femme.

L'exemple de Nadine, aussi anecdotique soit-il, est tout à fait révélateur. Elle fait souvent des randonnées à vélo avec ses amis. Elle connaît bien les environs mais ne propose jamais d'itinéraire. Elle risquerait de donner aux autres – aux hommes, essentiellement – l'impression de tout savoir ou, pis, de vouloir imposer ses idées. Pourtant, elle connaît la région mieux que personne. Elle se retrouve donc à peiner sur des chemins impraticables parce que ses compagnons, tout à l'euphorie de la découverte, ont perdu l'orientation. Comme cela arrive souvent, elle prend de moins en moins de plaisir à ces ballades, mais ne dit rien.

Beaucoup de femmes agissent de cette manière. Au plus laisseront-elles entendre qu'il existe peut-être d'autres solutions, qu'elles diront tout bas à l'oreille de l'un ou de l'autre. Et finalement, elles seront vexées que personne ne prenne en compte leur opinion, qu'on n'accorde aucune attention à ce qu'elles considéraient comme une suggestion et qui ressemblait plutôt à un timide murmure.

Le but est atteint, mais l'objectif est manqué

Cela paraît encore plus grave quand les femmes obtiennent ce qu'elles veulent, mais qu'on sous-entend après coup qu'elles se sont imposées au détriment des autres. Plus encore que par leur impuissance, elles sont tourmentées par l'impression d'avoir décidé à la place des autres, associée à la crainte d'avoir abusé de leur pouvoir.

La Femme Nouvelle nourrit à l'égard du pouvoir des sentiments ambigus. Elle le revendique et elle est amère lorsqu'il lui échappe. Elle est prise dans un engrenage diabolique. Elle veut à tout prix qu'on lui confie des tâches intéressantes, c'est son désir le plus cher, et en même temps elle n'a pas suffisamment de pouvoir pour les mener à bien. Il lui manque souvent les moyens nécessaires, ou alors elle n'est pas habilitée à recruter des collaborateurs ou à donner des instructions.

Elle veut prendre des responsabilités. Elle les réclame. Elle veut faire bouger les choses, casser les traditions, modifier les habitudes, obtenir une autonomie de décision et une plus grande latitude concernant les choix financiers. Mais elle mène ce combat sans réelle conviction, craignant de perdre la sympathie des autres à mesure que ses pouvoirs augmentent. Elle a peur de paraître arrogante et prétentieuse, de perdre sa féminité, *juste pour une petite part de pouvoir*. Le prix lui semble trop élevé.

Le problème surgit aussi entre femmes. Chaque année, Florence et Marie-Claire partaient en voyage ensemble. Elles tenaient à ce voyage, même si leurs conceptions des vacances divergeaient. Florence voulait se reposer, Marie-Claire préférait la découverte. Cette année-là, Florence avait proposé un bel hôtel avec piscine et sauna, à proximité d'une grande ville. Curieusement, Marie-Claire avait tout de suite donné son accord. Toutes deux semblaient satisfaites. Florence apprécia l'alternance de repos et d'atmosphère citadine, Marie-Claire était de bonne humeur. Mais, sur le chemin du retour, elle se plaignit, disant qu'elle ne parvenait pas à se faire entendre de Florence, qu'elle avait l'impression de se laisser dominer par elle. En fait, elle aurait préféré aller à Paris, faire le plein de sorties et de visites. Florence se sentit coupable. Elle connaissait ces accusations dirigées contre elle, les entendant aussi de la bouche de ses collègues. Elle vint me voir, dans l'intention d'apprendre à mieux respecter les désirs des autres. Elle se voyait en walkyrie, au caractère viril et dominateur. Je priai Florence de me dire précisément aux dépens de qui elle avait imposé sa volonté et dans quelles circonstances.

Il lui fallut faire défiler certains dialogues réplique par réplique pour comprendre comment les choses se passaient. Elle réalisa qu'*elle* n'imposait pas réellement sa volonté, mais prenait les décisions devant lesquelles les autres se dérobaient. Les différentes situations qu'elle évoqua ont toutes un point commun : en fait, les autres ne savent pas ce qu'ils veulent. Florence, elle, a une vision claire de ce qu'elle souhaite et l'expose avec assurance. Libre aux interlocuteurs de faire d'autres propositions, elle est toute prête à en discuter avec eux. Mais c'est souvent plus pratique pour eux de prendre le train en marche. Leurs doutes ne surgissent qu'après coup. Par la clarté d'esprit dont elle fait preuve, Florence se démarque de la moyenne des femmes. Une attitude directe, claire, déterminée ne s'inscrit pas forcément dans le schéma du comportement typiquement féminin. Florence exprime sans détour sa vision des choses, elle ne le fait pas à voix basse, ni sur un ton hésitant. Elle sait ce qu'elle veut et, la plupart du temps, le réalise en grande partie.

Florence a dû apprendre à assumer ses qualités. Elle ne voulait pas être une méchante petite fille égoïste. Elle se sentait marginale au milieu des femmes gentilles, adaptables, arrangeantes, accommodantes, apparemment diplomates. Pourtant la diplomatie n'a rien à voir avec l'incapacité à décider. La diplomatie, c'est l'art de négocier. Et dans une bonne négociation, chacun doit trouver son compte.

LE POUVOIR, C'EST L'EXPLOITATION DES AUTRES !

Nathalie, femme d'affaires confirmée, m'expliqua qu'elle payait bien son personnel mais qu'elle en attendait aussi des prestations de qualité. Apparemment, cette façon de voir ne s'était pas imposée d'elle-même. Nathalie s'excuse pour ainsi dire d'exiger de ses employés un travail correspondant au salaire qu'elle leur verse et décrit longuement les impératifs économiques qui la contraignent. Elle s'efforce de ne pas abuser de son pouvoir de chef d'entreprise. Elle est littéralement obsédée par la crainte d'utiliser les autres à son profit. Elle exige trop d'elle-même, de peur d'en demander trop à ses employés. Elle ne veut pas avoir recours à des intérimaires « mal payés » parce que ce serait une forme d'exploitation, elle ne veut pas demander à ses collaborateurs de faire des heures supplémentaires car cela aussi serait une forme d'exploitation, et faire appel à un personnel temporaire bien rémunéré est au-dessus de ses moyens. Cela dit, elle n'a jamais vérifié si ses employés n'étaient pas prêts à travailler davantage et de quel œil ils considéraient l'aide qu'elle leur offrait.

Cette crainte d'exploiter les autres se manifeste aussi dans les timides tentatives des femmes de se faire aider à la maison. Il est rare que l'on exige avec fermeté la collaboration des enfants ou du mari stressé par son travail. L'habitude répandue de passer l'aspirateur juste avant l'arrivée de la femme de ménage est à cet égard tout à fait révélatrice.

LE POUVOIR CORROMPT-IL ?

Les femmes nourrissent de nombreux préjugés engendrés par la peur du pouvoir qu'elles pourraient posséder.

Leur crainte la plus profonde est peut-être celle de vendre leur âme. Le pouvoir est un pacte avec le diable, il aboutit à une sorte de folie meurtrière où l'on prend plaisir à humilier sa victime. On ne l'exprime pas de cette manière mais c'est ainsi qu'on le ressent. « Je serais incapable de dire aux autres ce qu'ils ont à faire ! » devient par une fatale association d'idées : « Ce serait comme un viol. »

Une femme de pouvoir a une mentalité détestable. C'est le piège émotionnel le plus redoutable, car l'idée est profondément ancrée mais rarement exprimée. Quand on pactise avec le diable, on est prêt à toutes les ruses, à toutes les perfidies. Les gentilles filles n'ont qu'une vague idée de ce dont de telles femmes sont capables. Quand une collègue a une promotion, on se lance furtivement des coups d'œil entendus, lourds de malveillance : « C'est une carriériste, elle couche avec le patron pour arriver à ses fins. » Ou encore : « Son père a les moyens, il a payé pour que sa fille monte en grade. »

Au quotidien, la crainte de vendre son âme alimente une autre angoisse : la peur des responsabilités.

Surtout, ne pas prendre de responsabilités !

Quand quelque chose n'a pas marché, les femmes sont prêtes à en assumer la responsabilité, même si elles ne sont qu'indirectement impliquées. Mais quand on leur propose des missions importantes, elles se dérobent, quitte à accepter de porter le chapeau après coup.

Exercer le pouvoir, c'est aussi amener les autres à faire des choses qui ne les passionnent pas ou même leur déplaisent. Les femmes ont du mal à s'y résoudre. D'une part, elles ne veulent pas exercer de contrainte sur les autres, d'autre part, elles se sentent responsables du résultat. Elles craignent qu'un collaborateur réponde à l'obligation qui lui est faite par un travail médiocre. Une fois de plus, elles négligent le fait que ce travail lui conviendra peut-être. Et oublient qu'il leur arrive aussi de travailler avec peu d'enthousiasme et en progressant péniblement, sans toutefois que le résultat ne s'en ressente. D'autres aussi en sont capables.

Elles exigent d'elles-mêmes performances, perfection, fiabilité et persévérance, même lorsqu'elles ne se sentent pas motivées. Mais elles ne s'attendent pas à ce que d'autres soient aussi consciencieux. Elles sont pleines d'indulgence pour la paresse des autres. Si elles pestent et se lamentent sur les échecs du conjoint et la négligence des collaborateurs, elles s'abstiennent pourtant d'émettre des exigences claires à leur intention.

On attend d'un supérieur hiérarchique qu'il donne des instructions : encore un handicap pour les femmes, convaincues que chacun doit savoir ce qu'il a à faire et agir en conséquence. Elles répugnent à donner des ordres, elles n'aiment pas commander. Les femmes ont du mal à s'appuyer sur l'autorité que leur confère leur fonction pour inciter les autres à modifier leur comportement. Plus elles auront le sentiment d'avoir fait pression sur quelqu'un, et plus elles se considéreront responsables de ses erreurs. Il est beaucoup plus rare qu'elles se reconnaissent responsables d'un succès. Elles laissent aux autres les lauriers de la victoire. Les femmes gentilles prennent tout sur elles. Elles refusent d'incarner l'autorité, confondent autorité et abus de pouvoir. Seul celui qui a de l'autorité peut faire avancer les choses ou en infléchir le cours.

Pouvoir et autorité vont de pair. Ou bien ce sont les compétences intellectuelles ou pratiques qui confèrent de l'autorité, ou bien l'on possède une autorité naturelle résultant d'une habileté relationnelle ou d'un charisme personnel que les autres ressentent et respectent. Celui qui exerce le pouvoir en vertu de son autorité naturelle peut mener les hommes et faire bouger les choses.

GARE AU CHEF !

Les femmes doivent aussi apprendre à faire jouer leur influence auprès de leur supérieur. La responsable incapable de tenir sa promesse et d'envoyer une collaboratrice en stage de rhétorique parce qu'elle n'a pas réussi à faire passer la demande auprès de son supérieur perd de sa crédibilité. Les femmes se croient à la merci de leur patron et craignent, si elles deviennent « insolentes », de perdre leur emploi.

Sandrine, assistante du directeur d'une chaîne de magasins, voulait obtenir un congé non rémunéré de six mois pour réaliser son vieux rêve, un voyage en Amérique du Sud. Elle savait qu'elle pouvait compter sur une collaboratrice pour la remplacer pendant son absence. Celle-ci, heureuse du défi à relever, était prête à exercer les fonctions de Sandrine ; c'était pour elle l'occasion de montrer ce dont elle était capable afin de pouvoir plus tard poser sa candidature pour un poste de ce type. Quant à Sandrine, il s'agissait pour elle de convaincre son chef. Elle réunit une liste d'arguments prouvant que son absence ne causerait pas de préjudice à l'entreprise. Cette démarche est fondamentale, car il ne suffit pas de trouver un remplaçant éventuel : il faut aussi avoir suffisamment d'influence sur son supérieur pour le convaincre. Sandrine sait qu'il n'est pas disposé à la laisser partir. Elle ne prend pas ses arguments à la légère, mais s'attache à les réfuter point par point. Elle sait aussi que le directeur reconnaît ses compétences, et elle est sûre de son affaire. C'est d'elle que va dépendre la suite donnée à sa demande. Sa compétence et son assurance lui permettent d'employer ses dons de persuasion, même face à son directeur.

A-t-on le droit d'utiliser ses relations ?

Les femmes considèrent qu'il n'est pas correct d'utiliser ses relations à son profit. De crainte qu'on ne dise d'elles qu'elles ne doivent leur situation qu'à l'intervention de X ou de Y, elles s'abstiennent de tout échange, de tout contact avec des personnes socialement mieux situées, évitant d'établir avec elles des relations de confiance. Elles ne veulent pas avoir la réputation de quelqu'un qui a recours, pour réussir, à des moyens discutables, ou qui a gagné au lit ses états de service. Elles se privent ainsi de la possibilité d'accéder aux informations internes que seuls détiennent ceux qui sont proches du pouvoir. Il n'est pas question pour elles de bénéficier d'un quelconque privilège, comme celui qui consisterait à faire appel à ses relations. Or, cultiver de bons rapports avec le plus grand nombre de collègues constitue la meilleure façon d'obtenir les informations nécessaires à une réalisation optimale des tâches. Celui qui n'a pas accès à l'information parce qu'il ne jouit ni de la sympathie ni de la considération de ses collègues, ou parce qu'il se tient volontairement à l'écart, ne peut pas travailler de manière efficace. Seuls ceux qui ont un bon contact, tant avec les chefs qu'avec les collègues disposent d'un pouvoir réel.

Entretenir de bonnes relations *ne signifie pas* faire le travail à la place des autres, mais être attentif aux intérêts des autres et les prendre en compte à chaque fois que cela est *possible*.

CE SONT LES FEMMES QUI, SECRÈTEMENT, TIRENT LES FICELLES ?

Certes, elles restent dans l'ombre, mais elles n'en ont pas le pouvoir pour autant !

Souvent, on suggère aux femmes que ce seraient elles les instigatrices, elles qui prendraient véritablement les décisions importantes, poussant leur mari à faire carrière et portant à sa réussite plus d'intérêt que lui. Le vrai chef d'État ne serait pas Helmut Kohl, mais Hannelore, et avant lui, Loki et non Helmut Schmidt. C'est Mme Martin qui porte la culotte, et non monsieur. À ce point de la démonstration, les femmes sourient en se jetant un coup d'œil entendu. Il est tellement tentant de croire que l'on peut peser sur des décisions de portée capitale.

Personne n'est capable de mesurer l'influence réelle des femmes qui demeurent dans l'ombre, on se trouve là dans le domaine de la spéculation intellectuelle pure et, en même temps, on proclame des vérités qui flattent les femmes, louent leur modestie... et les réduisent au silence. Car, s'il en allait ainsi, pourquoi cette modestie ? Qu'est-ce qui empêcherait les femmes de récolter la gloire dont elles sont censées avoir semé les graines ?

Pour expliquer cette mentalité de femmes de l'ombre, on a alternativement recours aux concepts de peur du succès ou de peur de l'échec, que l'on adapte au gré des besoins. Ils constituent peut-être une grille d'interprétation intéressante de la nature féminine, mais ne disent pas aux femmes comment affronter les feux de la rampe. Comment peuvent-elles avec bonne conscience mettre en pratique, étape par étape, ces droits qu'on leur concède ? Comment parviennent-elles à supporter que leur mari ait honte de gagner moins qu'elles ? Comment réussir à se concentrer sur son travail quand on est harcelé de sentiments de culpabilité parce que sa fille adolescente a des difficultés à l'école ? Que faire pour ne pas se sentir mal à l'aise quand le mari repasse lui-même ses chemises ?

Ce n'est pas la peur du succès, mais le sentiment de culpabilité, la mauvaise conscience, la crainte de ne pas être gentille qui bloquent les femmes. Sans parler des obstacles extérieurs qu'elles rencontrent. Malheureusement, les mères continuent de transmettre les mêmes schémas à leurs filles. La mère qui dit à son enfant : « Je parle avec papa ! » et qui, portes fermées, s'emploie à circonvenir le père pour qu'il accorde une faveur à l'enfant, ne s'affirme pas réellement. Elle ne prend pas ouvertement position, pas même devant son enfant. Elle pense que les parents doivent parler d'une seule voix, naturellement celle du père. Elle apprend à l'enfant qu'il vaut mieux manœuvrer plutôt qu'aborder ouvertement les problèmes. Les véritables éminences grises sont des conseillers compétents qui tirent avantage de leur situation, et non des manipulateurs et des flatteurs.

Il est exact que les femmes poussent souvent leur mari à faire carrière, ambitionnant pour lui un poste important et un salaire conséquent. Pourtant, le profit qu'elles croient en tirer, c'est-à-dire une existence assurée et libre de tout souci, se retourne contre elles : elles perdent leur indépendance, renoncent à faire état de leurs compétences et deviennent incapables de subvenir à leurs propres besoins. Les femmes aiment à se faire toutes petites, ce qui n'est sans doute pas le meilleur moyen d'accéder au rôle d'éminence grise.

Conserver le pouvoir nécessite-t-il une lutte de tous les instants ?

Les femmes pensent qu'il faut dépenser une énergie considérable pour garder le pouvoir. La réalité est tout autre : user efficacement de son pouvoir a pour effet de le renforcer.

Celles qui sont parvenues à surmonter les tabous qui s'attachent au pouvoir et qui l'utilisent avec discernement ne tardent pas à découvrir qu'il est facile d'accroître le pouvoir qu'on possède déjà.

La responsable qui confie à ses collaborateurs des tâches clairement définies dont elle contrôle ouvertement l'exécution, qui laisse une certaine latitude, mais n'admet pas qu'on gaspille son temps, fait bon usage de son pouvoir. Lorsqu'elle accepte une demande de formation, obtient des augmentations de salaire ou rémunère convenablement les heures supplémentaires, lorsqu'elle n'hésite pas à céder un peu de ses responsabilités et à déléguer même les travaux gratifiants, elle gagne la confiance de ses collaborateurs. Elle exerce correctement sa fonction et fait la preuve de ses capacités de direction. On attribue ses succès à son savoir-faire et on lui confiera d'autres tâches importantes. La spirale ascendante de la réussite est en marche.

Les gentilles filles se tiennent à l'écart de la compétition !

La délégation de tâches est une chose à laquelle les femmes ont du mal à se résoudre. Elles craignent de perdre leur raison d'être. Cela commence par les travaux sans intérêt, qu'elles ne veulent pas imposer aux autres, pour finir par les tâches plus gratifiantes, où elles redoutent la concurrence. La crainte d'être devancées par leurs propres collaborateurs les amène à ne leur transférer que les dossiers les moins intéressants, allant parfois jusqu'à exécuter elles-mêmes les travaux de routine pour se rendre indispensables et empêcher l'émergence d'autres personnes capables. Elles gaspillent ainsi l'énergie qui leur serait nécessaire à la réalisation de tâches plus rentables pour leur carrière. Elles se dispersent sur des fronts secondaires et démotivent leurs collaborateurs.

En s'opposant à la formation d'un successeur potentiel, elles travaillent contre leurs intérêts : lorsque se présentera pour elles l'occasion de monter en grade, on s'apercevra que la question de leur remplacement n'est pas résolue. Si elles ne sont pas en mesure de présenter un successeur compétent, il est peu probable qu'on leur accorde la promotion.

L'envers du pouvoir, c'est le sentiment qui envahit beaucoup de « décideuses » de n'avoir pas une minute à soi, l'impression que les autres se reposent sur vous. Elles se voient comme des domestiques de haut niveau. Impossible de déléguer un travail à qui que ce soit en confiance et en toute bonne conscience. S'y ajoutent les exigences inévitables à l'égard de quiconque occupe un poste de responsabilité. Dans ces moments-là, elles ne sont pas loin de rêver au prince charmant qui les sauvera et les aidera à surmonter les vicissitudes de la vie professionnelle, leur faisant gravir sans effort les marches de la gloire.

Seule une minorité de femmes reconnaît s'infliger trop d'obligations. Le piège qui consiste à tout faire soi-même, de peur de dévoiler aux autres ses véritables objectifs, force les femmes à travailler vingt-quatre heures sur vingt-quatre, jusqu'à l'épuisement. Ce qui les prive de tout réel pouvoir et les empêche de saisir l'occasion d'exercer des fonctions de direction quand elles se présentent.

Les titres ne sont-ils que vanité ?

Beaucoup de femmes ont à l'égard de leur nom une attitude désinvolte. Elles l'abandonnent sans états d'âme au moment du mariage, même lorsque le choix est possible. En renonçant à leur nom, beaucoup d'entre elles renoncent à leur identité. Elles se contentent désormais de citer leur mari et de se retrancher derrière ses opinions, sa profession ou sa situation financière. Elles négligent leur propre image, ne sont plus que « la femme de XY ».

Même après avoir franchi les obstacles et être parvenues à une qualification qu'elles ne doivent qu'à elles, les femmes continuent souvent d'exprimer les opinions de leur partenaire. Les titres obtenus leur paraissent secondaires, les travaux et les succès professionnels sans grand intérêt : pas question pour elles de les mettre en avant. Sur la porte de leur bureau, elles suppriment volontairement le titre qui précède leur nom. Bien sûr, elles sont vexées si on les prend pour la secrétaire, mais elles se refusent pourtant à annoncer leur titre. C'est par leurs compétences qu'elles veulent convaincre, et non à cause d'un titre accolé à leur nom. Si elles veulent qu'on les remarque, elles se gardent bien d'attirer l'attention sur elles.

Irène possède un nom superbe et deux doctorats : Irène Marie, baronne de Lüderitz-Schmitten, docteur en droit, docteur en sciences physiques. Sur la plaque apposée sur sa porte ne figure que I. Schmitten. Même son prénom lui paraissait trop décadent, trop prétentieux.

Les titres ont une fonction importante : ils signalent une qualification dans un domaine précis. Comme on met facilement en doute les capacités et la compétence des femmes, ils revêtent pour elles une importance particulière. On ne leur confère pas les mêmes titres qu'à leurs collègues masculins, même si elles ont des fonctions identiques. On hésitera en particulier à leur décerner les titres internes à l'entreprise. Lorsqu'elles ont conquis certains postes, elles sont souvent considérées comme des solutions transitoires et acceptent en conséquence que ne leur soit pas reconnu le titre attaché à la fonction.

Pour les femmes, les titres ont une connotation tout aussi négative que le pouvoir, et elles ont tendance à y renoncer modestement, à ne pas les rechercher ou les revendiquer. Elles pensent « ne pas avoir besoin de titres », et se ferment ainsi des portes, l'accès au pouvoir, à l'influence et à la reconnaissance. Le titre indique une compétence. Celui qui possède un titre devra déployer moins d'énergie pour asseoir sa crédibilité. Les hommes n'éprouvent aucune gêne à inventer des titres, ils se font appeler « ingénieur-produit », « directeur commercial » ou se présentent comme cadre supérieur. La femme à qui l'on donne son titre dira : « Je vous en prie, oubliez le titre. » Elles laissent échapper l'occasion d'utiliser le capital de confiance que leur fournit leur titre, preuve de leur qualification. Si elles s'efforcent d'obtenir toutes sortes de diplômes, elles n'ont pas l'intention d'en tirer une gloire quelconque.

Dans un cercle de femmes ayant une activité professionnelle, au moment où chacune se présente, Éliane commence par s'excuser de ne pas avoir fait d'études supérieures. Les autres soulignent que cela n'a évidemment aucune importance. Une autre participante se lève et *confesse* ne posséder elle non plus aucun titre académique. Cela signifierait donc que les titres ont finalement de l'importance pour celles qui n'en possèdent pas. Assisterait-on chez les femmes à une forme de snobisme, sur le thème « plus on a de titres et moins on en parle » ? Quelques-unes, titulaires d'un doctorat, avancent une autre explication : elles évitent de donner leur titre, en particulier en présence d'hommes moins diplômés, pour ne pas les placer dans une situation embarrassante.

Il n'est pas rare de voir des femmes, responsables de services comptant cinq collaborateurs ou plus, participer à des stages prévus pour les secrétaires et assistantes de direction. Elles ne se présentent pas comme responsables de service ou comme chefs de projet, ce que ne manqueraient pas de faire leurs collègues masculins. Elles se dénomment modestement *assistantes de la direction*, mènent l'existence ingrate de *bras droit* du chef, comme si elles étaient privées de personnalité propre, semblables à des objets qu'on peut amputer de certains de leurs éléments et mettre au service des autres. L'*assistant* est candidat à la succession du chef ; l'assistante, une désignation flatteuse pour la secrétaire qui, dans le meilleur des cas, suivra son chef lorsqu'il montera en grade.

SURTOUT, NE PRENDRE AUCUN RISQUE !

Les femmes ont tendance à considérer le pouvoir comme un risque. Ce ne serait pas tragique si elles avaient conscience du fait que celle qui prend un risque peut sortir gagnante. Cependant, lorsqu'on parle aux femmes de risque, il apparaît vite qu'elles n'y voient que le risque d'échouer.

Or, il se trouve justement que, dans le monde économique, l'indécision est punie de pertes et préjudices matériels. Toute entreprise a sur le marché un ou plusieurs concurrents qui évidemment ne restent pas inactifs. Dans ces conditions, seule une politique d'entreprise courageuse peut réussir à terme. Seule une équipe de direction audacieuse peut être assurée du succès. Manœuvres dilatoires, attentisme et atermoiements mènent presque immanquablement à l'échec. Malheureusement, les femmes prennent le courage pour de la témérité ou de l'inconscience.

Elles privilégient la sécurité, jusque dans leurs placements financiers. En règle générale, elles choisissent les plus sûrs, même si le rapport en est modeste. La sécurité est leur objectif numéro un, au détriment de toute considération de rendement financier. Craignant en outre de ne pas être suffisamment compétentes en affaires, les femmes préféreront généralement les titres habituels à taux fixes que leur propose leur banque[4]. La peur du risque envahit tous les domaines de leur vie. Les femmes prennent les chemins balisés pour ne pas risquer de se tromper. En vacances, elles se hasarderont peut-être vers de nouvelles destinations, mais au travail elles resteront fidèles à leur employeur. Les femmes, même cadres supérieurs, ont plus de scrupules que les hommes à changer d'entreprise, même pour une situation plus intéressante.

Les cabinets de recrutement insistent sur l'importance de faire ses preuves dans des domaines variés, la règle impérative étant de changer d'emploi tous les trois à cinq ans pour pouvoir obtenir un jour un poste de manager. Pourtant, les femmes hésitent. Les gentilles filles continuent de croire en la vertu d'une fidélité digne des Nibelungen*, en évitant de voir où cela a mené les héros de l'histoire.

Peu de femmes risquent le saut dans l'inconnu, et quand elles l'osent, c'est bien souvent que d'autres les y ont encouragées ou poussées.

LE POUVOIR REND-IL IMPOPULAIRE ?

Les femmes nourrissent au fond d'elles-mêmes la crainte de perdre la sympathie des autres au fur et à mesure que grandiront leur influence et leur pouvoir.

Marine et Chantal sont amies, bien que Chantal soit sous les ordres de Marine. Or, il faut justement que deux collègues tombent malades au beau milieu des vacances, alors que Chantal est en congé. Marine est extrêmement mal à l'aise, car c'est précisément à elle qu'incombe la tâche d'appeler Chantal pour lui demander d'interrompre ses vacances. Elle voit encore le visage rayonnant de son amie, une semaine plus tôt, énumérant tout ce qu'elle comptait faire avec son fils.

Marine va s'attirer des ennuis avec son amie, uniquement parce qu'elle a souhaité assumer le rôle de chef de service par intérim. Le jeu n'en vaut pas la chandelle. Elle préfère travailler jour et nuit, sachant pertinemment qu'elle ne peut pas s'en sortir sans l'aide de Chantal. Comprenant que celle-ci ait envie de passer ses vacances avec son fils, elle décide dans un premier temps de ne pas l'appeler. Elle craint, en faisant usage de son pouvoir momentané, de compromettre

* Épopée germanique de l'époque de Tristan et Iseult. *(N.d.T.)*

ses relations avec son amie. À tout prendre, elle aime autant faire des heures supplémentaires et travailler le week-end.

Lorsque Marine réalise enfin qu'il lui est impossible de boucler les dossiers à temps, il est trop tard et Chantal a déjà quitté la région. Marine doit demander un report de délai.

Marine sort de cette histoire complètement déprimée. « J'aurais dû savoir que j'étais incapable de mener cette tâche à bien. » C'est la peur des réactions des autres qui l'a empêchée d'agir de manière rationnelle.

Marine n'était pas en mesure d'utiliser son pouvoir pour faire tourner convenablement le service. Elle n'était pas capable d'exercer les fonctions qui lui avaient été temporairement confiées. Elle n'avait pas compris que c'était son rôle de responsable d'amener ses collaborateurs à faire en sorte que le travail soit exécuté sans complications ni retards. Elle a placé le maintien de bonnes relations avec son amie au-dessus des contraintes professionnelles.

La volonté de Marine de prendre en compte les désirs de sa collègue est certes tout à fait louable, mais elle ne doit pas se laisser piéger par ce réflexe de compréhension. Il était de son devoir de rappeler Chantal dans l'entreprise.

Les femmes ont souvent beaucoup de mal à exiger des autres ce qu'elles-mêmes considèrent irritant ou déplaisant. « Comprendre » signifie pour elles « laisser faire ».

Cela pose problème aux femmes de convaincre les autres qu'ils doivent prendre leur parti de situations inconfortables et les supporter car, petites filles déjà, elles ont appris à rendre à tous la vie aussi agréable que possible.

Marine illustre parfaitement cette volonté d'aplanir les difficultés pour les autres. Même à sa femme de ménage, Marine ne laisse que les travaux les moins répugnants.

Au moment d'établir le planning des congés, Monique, responsable de service, a l'habitude de laisser ses collaborateurs choisir les dates qui leur conviennent et de prendre ce qui reste. Elle fait des heures supplémentaires pour leur permettre de quitter le bureau le plus tôt possible et les libère des clients grincheux. C'est elle qui répond au téléphone pendant la pause de midi. Elle fait tout cela par sollicitude et pour se faire apprécier d'eux.

Lorsque l'on doit passer ensemble une grande partie de ses journées, il est important de bien s'entendre. Mais ce qui compte surtout, c'est de bien *travailler* ensemble. On n'a pas besoin de s'aimer particulièrement.

Il serait, bien sûr, complètement absurde de vouloir évacuer du monde professionnel toute relation chaleureuse ou franchement amicale. Il importe d'instaurer un climat de travail favorable et de cultiver de bons rapports dans l'entreprise. Mais ce serait une erreur de se sacrifier pour les autres et d'espérer être aimé en retour.

La condition d'un exercice efficace du pouvoir est, pour les femmes, de s'assurer un capital de sympathie au sein du microcosme professionnel. Il leur est indispensable de s'intégrer au tissu social de l'entreprise.

Pour tirer le meilleur parti de sa situation, il faut jouir de la reconnaissance et du respect de ses collaborateurs, voire d'une certaine popularité, à condition que celle-ci soit non pas motivée par la gentillesse ou la servilité mais acquise sur la base de l'estime mutuelle, de la fiabilité, de la loyauté et d'une certaine lucidité.

Les femmes doivent établir des contacts personnels, entretenir des relations qui leur permettent de profiter du flot des informations utiles et de gagner la confiance à la fois de leurs collaborateurs et de la direction. Il faut cependant savoir que les rumeurs commencent à circuler dès qu'une femme a des relations un peu amicales avec des collègues ou des supérieurs masculins. Il s'agit alors pour elle d'éviter toute ambiguïté en ne faisant pas mystère de ses relations personnelles et en refusant de jouer la comédie. Si vous tutoyez quelqu'un en privé, faites-le aussi au travail. Ne vous aventurez dans un flirt ou une relation érotique que si vous le souhaitez vraiment : cela n'est pratiquement jamais rentable sur le plan professionnel. Si vous avez, consciemment ou non, entretenu des espoirs chez un collègue, il y a de fortes chances pour que cela se retourne contre vous.

Les problèmes surviennent aussi quand des femmes de niveaux hiérarchiques différents sont très liées. L'amitié absolue, celle qui fait dire : « Je serai toujours là quand tu auras besoin de moi ! – Tu es pour moi la personne qui compte le plus ! » est par avance condamnée, en dépit des bonnes résolutions et des serments prêtés. En revanche, une solide amitié n'impliquant qu'un des aspects de la personne, par exemple : « J'aime bien jouer au tennis avec toi ou j'aime bien discuter avec toi ou j'aime bien être avec toi », est tout à fait possible. Il faut cependant rester vigilant et éviter toute fausse camaraderie.

HEUREUX LES HUMBLES, CAR ILS SERONT ASSIS À LA DROITE DU PÈRE !

Finalement, la Bible elle-même enseigne la fausse modestie.

Les femmes craignent souvent, en cherchant à s'élever, de perdre la sympathie de leurs collègues et de s'attirer leur hostilité.

Cécile avait eu une idée formidable en organisant des rencontres régulières entre ses secrétaires. Une fois par mois, elle réservait une petite salle séparée au restaurant et commandait un dîner pour ses collaboratrices. Elle pensait que ce serait pour elles l'occasion d'échanges à bâtons rompus. Depuis quelques mois, Cécile était chef de bureau. Elle avait quinze employées sous ses ordres.

Son idée suscita l'enthousiasme général. Cécile était bien vue de ses collaboratrices. Elle espérait gagner leur confiance et souder son équipe, se sentait à la fois acceptée et respectée, et pensait qu'elle serait bientôt totalement intégrée.

Le repas en commun était un succès, Cécile était ravie.

Une fois, en s'y rendant, elle éprouva pourtant un certain malaise. Le mois précédent, elle avait remarqué que la joyeuse animation qui semblait régner derrière la porte s'était évanouie dès son arrivée, faisant place à un silence embarrassé. Souriant bravement, elle avait lancé : « Continuez, ne vous gênez pas pour moi ! » Mais l'ambiance n'y était plus. Cécile était déçue. Est-ce que les femmes ne se sentaient pas à l'aise en sa présence ? C'était bien elle, pourtant, qui avait eu l'idée de ces rencontres, et elle avait l'impression qu'on l'aimait plutôt bien.

Cécile se sentit rejetée, trahie même. Ses employées l'avaient perfidement trompée. Leur sourire cachait de l'hostilité. Elle avait espéré être à la fois chef et amie. Elle était ulcérée de constater qu'on la considérait comme une représentante du patron, alors qu'elle se voulait leur confidente, entendant jouer le rôle de tampon entre elles et la direction et défendre leurs intérêts. Elle s'était imaginé être du même bord que ses employées.

Son désir est compréhensible. Se sentir intégré crée un sentiment de confiance en soi, d'intimité. Malheureusement, quand on veut faire partie du groupe et être avec les autres sur un pied d'égalité, on ne peut pas être chef et ce, quelle que soit l'authenticité de son sentiment de solidarité. Quoi qu'elle fasse, Cécile représente la direction aux yeux de ses collaboratrices. Il lui incombe entre autres de licencier celles de ses employées qui ne répondraient pas aux critères de l'entreprise. Cécile sera peut-être une responsable compréhensive et respectée, elle ne pourra en aucun cas devenir une amie. Ses amies, elle doit les choisir parmi ses pairs. Ce n'est pas une question d'arrogance mais de pragmatisme. Même si elle en a le désir, elle ne peut faire partie du groupe, du fait de sa position hiérarchique qui la place un cran au-dessus de ses collègues. L'idée de rencontres mensuelles est excellente mais Cécile doit rester en retrait si elle veut créer un esprit d'équipe. Son rôle consiste uniquement à passer de temps en temps, mais à condition de faire preuve de doigté. La fausse camaraderie est tout aussi néfaste qu'une froideur excessive.

Nous savons tous que, dans la vie quotidienne, dès que des hommes ou des femmes se distinguent de leurs semblables par leur formation, leur activité professionnelle, la maternité, la richesse ou la pauvreté, ils perdent rapidement le contact avec les anciens copains. Il y a bien sûr des exceptions à la règle. Mais d'une manière générale, les êtres humains ne se sentent vraiment à l'aise et dans leur élément qu'auprès de ceux avec lesquels ils ont un grand nombre d'affinités.

UNE FEMME À UN POSTE DE DIRECTION RESTE-T-ELLE AU SERVICE DES AUTRES ?

Karine dirigeait un magasin d'une certaine importance, dans le secteur des pièces détachées pour automobiles. Après des études de mécanique, elle avait repris cinq ans plus tôt la succession de son père. L'entreprise appartenait donc à la même famille depuis trois générations et Karine, qui côtoyait bon nombre d'employés depuis l'enfance, s'y sentait bien. Plus jeune, il lui était souvent arrivé de donner un coup de main et elle connaissait tout le monde. Elle était au courant des ambitions professionnelles des uns et des autres, mais aussi de leur vie privée, de leurs préoccupations, de leurs joies et de leurs peines. Dans un tel contexte, elle trouvait naturel de se sentir des obligations envers eux, ce qui l'incita à prendre en compte leurs soucis plus que de raison. Sa propre assistante était secrétaire de la direction depuis déjà quinze ans et Karine n'ignorait pas que c'était elle qui subvenait aux besoins de la famille : les enfants étaient encore scolarisés et le mari, soigné pour alcoolisme, avait des revenus irréguliers. Une situation familiale aussi difficile amena Karine à avoir de fréquentes conversations avec sa secrétaire dans le but de la soutenir moralement et matériellement. Elle lui accorda des avances sur salaire, et il lui arrivait de parler avec elle au téléphone jusque tard dans la soirée. Elle l'aidait lorsque le mari devait retourner faire un séjour en clinique ou quand les enfants posaient problème.

Karine se sentait des obligations envers cette femme. Elle tenait son destin entre ses mains et n'entendait pas abuser de son pouvoir. D'ailleurs, il lui était désagréable de savoir tant de gens sous sa responsabilité. Elle se devait de montrer qu'elle était prête à agir pour eux.

Sa secrétaire n'était pas la seule personne que Karine soutenait concrètement. Elle avait trouvé une assistante maternelle pour une mère élevant seule son enfant et une place en maison de retraite pour le père d'une de ses ouvrières. Elle trouvait normal que deux employés quittent tous les jours le bureau un quart d'heure plus tôt pour préparer leur bac en cours du soir.

En contrepartie de cette sollicitude quasi maternelle, Karine devait travailler jusqu'à une heure avancée de la nuit et il lui fallut embaucher quelqu'un pour répondre au téléphone jusqu'à la fermeture des bureaux. Elle comprenait que ses employés veuillent partir à 16 heures, elle en revanche devait rester joignable jusqu'à 18 heures. L'idéal eût été de pouvoir continuer de tenir la boutique entre 16 heures et 18 heures, mais elle ne pouvait se permettre de prendre une personne supplémentaire, et elle n'osait pas exiger de ses collaborateurs qu'ils allongent leur pause de midi et quittent les bureaux plus tard. Pendant les vacances, comme Karine tolérait qu'un grand nombre d'employés prennent leurs congés en même temps, l'entreprise était pratiquement paralysée.

Karine était toujours prête à faire preuve de compréhension pour les autres et plaçait le plus souvent leurs intérêts audessus des siens ou de ceux de l'entreprise. Les êtres humains avaient systématiquement priorité sur l'entreprise, et les autres sur elle-même. Ce point de vue allait de pair avec la crainte de Karine d'abuser de son pouvoir. Le grand-père, déjà, n'avait-il pas choisi pour devise : Quand on a le pouvoir, on a aussi des devoirs ? Malheureusement, Karine n'avait pas entendu le petit mot « aussi » et pensait n'avoir *que* des devoirs. Elle fut victime de sa propre idéologie et perdit complètement de vue la bonne santé de l'entreprise et la conscience de ses intérêts. Elle dépensa son énergie à assister celui-ci et à materner celle-là. Au bout de quatre ans, elle dut vendre son affaire.

Stratégies

PRENEZ CONSCIENCE DE VOTRE VALEUR !

Les femmes ont bien du mal à reconnaître leur propre valeur. Même lorsqu'elles croient posséder telle ou telle compétence, il leur est difficile d'y voir la manifestation d'un mérite personnel. L'énumération suivante doit vous aider à mieux ancrer votre valeur personnelle.

> Parlez avec les personnes qui vous sont acquises. Demandez-leur de vous dire précisément ce qu'elles apprécient le plus en vous, tant dans votre vie privée que professionnelle. Faites la liste des négociations que vous avez menées et des décisions importantes que vous avez prises.
>
> Lorsque vous réussissez à convaincre quelqu'un, essayez d'analyser la manière dont vous vous y êtes prise.
>
> N'hésitez pas à souligner ce que vous savez faire, à insister sur vos compétences.

Si vous vivez seule, ou si vous envisagez de vous séparer de votre conjoint et que vous avez une idée assez floue de votre situation financière, suivez également le conseil suivant : **mettez noir sur blanc ce que vous gagnez et ce que vous dépensez, puis planifiez votre budget. Vous pourrez ainsi mieux gérer votre argent.**

Beaucoup de femmes pensent avoir besoin d'un mari comme garant de leur sécurité financière, pour preuve de leur séduction, afin d'être prises au sérieux, pour ne pas être considérées par les autres femmes comme des rivales, ou pour ne pas passer pour des vieilles filles.

Elles sont prêtes pour cela à maintenir une situation dont au fond elles ne veulent plus. Elles consacrent leurs réflexions à la manière de garder leur mari. Elles se sacrifient au lieu d'élaborer des stratégies permettant de résoudre les problèmes qui pourraient surgir si elles se retrouvaient *sans mari*.

Lorsqu'on prend certaines décisions, il est indispensable d'en chercher les motivations véritables et de s'y référer pour opérer les changements nécessaires.

Si une femme redoute d'être considérée comme une vieille fille, il faut qu'elle se demande ce que cette image a pour elle de négatif et qu'elle s'attache par son comportement à démentir le cliché.

NE DÉVALORISEZ PAS CE QUE VOUS FAITES !

C'est le seul moyen de vous débarrasser du complexe de Cendrillon. Un petit exercice d'introspection suffira.

> Notez ce que vous avez fait pendant au moins deux jours de la semaine. Répertoriez ce que vous avez incontestablement bien réussi. Veillez à présenter votre contribution de manière franchement positive, par exemple : pour l'aménagement du grenier, j'ai vraiment eu une idée géniale ! J'ai du talent pour faire des exposés passionnants et évocateurs ! Je sais rendre ma maison accueillante ! J'apporte à mes stagiaires tout ce dont ils ont besoin pour réussir leur examen. J'ai l'art de composer des bouquets magnifiques ! Je suis capable de convaincre les autres et de les faire basculer de mon côté ! Je chante très bien !

Vous pouvez, si vous le désirez, poursuivre l'exercice et rédiger un hymne à votre propre gloire. Pour cela, il suffit d'imaginer que vous ayez à vous « vendre » pour obtenir l'emploi de vos rêves. Il est toujours difficile, a priori, d'accorder de la valeur à ce que l'on fait soi-même. Les femmes ont appris à cultiver la modestie. On l'enseigne aux hommes aussi, mais ils ne s'y tiennent que rarement. Les femmes ont facilement l'impression de se vanter et de frimer dès qu'elles décrivent leurs performances avec un peu d'objectivité. Elles doivent s'entraîner à une meilleure appréciation de leurs résultats.

ACCORDEZ À VOS DÉSIRS PROFONDS L'ATTENTION QU'ILS MÉRITENT !

L'un des moyens d'éviter les pièges mentaux est d'analyser ses propres désirs.

Supposez d'abord que vous soyez complètement libre et que vous puissiez vous organiser à votre idée : qu'est-ce qui vous plairait le plus, dans votre situation actuelle ?

Vous trouvez peut-être cet exercice absurde puisque, justement, vous ne vivez pas seule, que vous travaillez, et que cela change tout. Essayez cependant d'imaginer les décisions que vous prendriez. Continuez de faire comme si vous n'aviez à vous occuper que de vous-même. Analysez dans le détail les différentes possibilités qui s'offrent à vous. Lorsque vous saurez précisément ce que vous voulez, et seulement à ce moment-là, demandez-vous si vous avez envie de faire le chemin avec quelqu'un d'autre, et si oui, avec qui.

Exposez à cette personne ou à ces personnes votre vision des choses, et voyez dans quelle mesure ceux qui vous sont chers sont prêts à cheminer avec vous.

Essayez d'évaluer l'importance de votre objectif à vos propres yeux. Posez-vous les questions suivantes : suis-je prête à tenter seule l'aventure ? Qu'est-ce qui pourrait m'inciter à faire des compromis ? Dans quels domaines ? Sur quoi ne suis-je pas prête à transiger ? Que m'apportent les autres ?

Lorsqu'ils m'encouragent ou me freinent, quel profit en espèrent-ils ?

N'HÉSITEZ PAS À DÉLÉGUER !

C'est particulièrement difficile pour les travaux où l'on a acquis une certaine habileté. Il semble a priori absurde de regarder un autre s'escrimer à faire ce que l'on maîtrise parfaitement. Mais si l'on considère le profit à long terme, la perspective change. En faisant faire le travail par d'autres personnes aussi capables que soi, on se retrouve soulagé d'autant, et disponible pour d'autres tâches. Ce principe n'est pas seulement valable dans la vie professionnelle.

Karine a fait dactylographier son mémoire de maîtrise par une personne qu'elle connaissait, contre rémunération, ce qui lui a permis de préparer ses oraux. En même temps, elle avait un petit job qui lui rapportait plus que ne lui coûtait la frappe de son mémoire.

Ingrid s'est arrangée avec une autre mère du même quartier pour se relayer à la sortie de l'école. Une semaine sur deux, elle peut rester plus longtemps au bureau, grâce à quoi elle est passée d'un mi-temps à trois quarts d'un temps complet sans que cela empiète réellement sur son temps libre. C'est un gain sensible pour elle qui élève seule ses enfants.

Sylvia exerce le métier de conseiller fiscal indépendant et bien qu'au bout de six mois les rentrées soient encore modestes, elle n'a pas hésité à embaucher une employée pour les travaux longs et répétitifs. Sylvia peut donc se consacrer pleinement à l'étude des dossiers, à la lecture de commentaires de jurisprudence et aux rendez-vous avec ses clients.

Ce principe est tout aussi valable pour les femmes salariées. C'est peut-être encore plus important pour elles de se libérer des tâches dévoreuses de temps. Nulle part on n'honore véritablement le dur labeur, et l'on ne récolte de reconnaissance que grâce aux idées novatrices, aux améliorations judicieuses et aux propositions fondées. Or, l'élaboration et la vérification de nouveaux procédés réclament du temps et même une certaine disponibilité d'esprit. Seule la délégation de tâches crée cet espace de liberté permettant de se concentrer sur l'essentiel.

Monique dirige le service du personnel d'une grande entreprise de vente par correspondance de matériel technique. Quand elle a besoin d'un dossier déjà archivé, elle va le chercher elle-même, sous prétexte qu'elle le trouvera plus rapidement que sa secrétaire. Elle a été formée dans cette entreprise, elle y a quantité de repères, et son travail avancera plus vite si elle ne perd pas de temps à rassembler les éléments nécessaires. Ce serait d'après elle un signe d'arrogance de faire rechercher par la secrétaire des documents dont elle connaît la place exacte.

La plupart des femmes éprouvent de grandes difficultés à déléguer leurs tâches. Elles craignent souvent de perdre ainsi leur raison d'être, et cela d'autant plus que la tâche confiée est plus complexe. Elles se gâchent par là des possibilités de promotion. En peaufinant chaque détail pour être sûres de garder à l'écart les concurrents éventuels, elles donnent un sérieux coup de frein à leur carrière.

Voici quelques recettes pour réussir la délégation de tâches. Notez cinq choses, importantes pour vous sur le plan professionnel et que vous voulez faire depuis longtemps. Il peut s'agir de la lecture d'un article ou d'un ouvrage spécialisé, ou d'un stage d'informatique. Prenez un jour de la semaine au hasard, et répertoriez les tâches que vous réalisez généralement vous-même mais que vous pourriez tout à fait confier à quelqu'un d'autre. Notez le nom des personnes susceptibles d'exécuter certains de ces travaux.

Un jour où vous êtes de bonne humeur, demandez à l'une des personnes inscrites sur la liste de se charger d'un dossier. Vous aurez des réticences à le faire : examinez-les une par une. Je vous livre un petit échantillon des pièges mentaux que vous allez rencontrer :

– Pourvu que cela se passe bien. Il/elle n'a pas l'habitude de faire ce travail.

– Il vaudrait mieux que je le fasse moi-même, cela prendrait moins de temps.

– En réalité cela relève de mes compétences...

– Il/elle va croire que je me prends pour le chef si je lui réclame ce travail.

– Il/elle va me trouver prétentieuse de ne pas le faire moi-même.

– Si je fais faire mon travail par les autres, je ne devrai pas m'étonner ensuite qu'on veuille se passer de mes services.

– Autant que je le fasse moi-même, comme ça je serai sûre que ce soit bien fait.

– Je ne peux pas demander cela à quelqu'un, c'est un travail trop pénible, fastidieux, etc.

– Il/elle va trouver que c'est un peu fort de déposer ainsi le dossier sur son bureau.

Ces objections inexprimées sont pour les femmes autant d'obstacles à la réalisation de leurs objectifs. On peut les éviter en les nommant, ce qui permet de les désamorcer. En gestion mentale, les pièges mentaux constituent la pensée négative. Il est possible de transformer ces idées négatives en appliquant des préceptes positifs. C'est très simple : il suffit, lorsque vous rencontrez l'un des pièges mentaux, de vous remémorer ces préceptes et d'y confronter vos idées négatives.

Je ne m'affole pas sous prétexte que mes collaborateurs n'abordent pas le travail de la même manière que moi. Je vais utiliser à mon profit le temps ainsi libéré et me consacrer à des tâches plus judicieuses qui requièrent toute mon attention.

Même si mes collaborateurs me font sentir leur mécontentement, je ne remets pas en cause une organisation qui me permet de mieux concentrer mon énergie : mes collaborateurs ne sont pas obligés de m'aimer.

Il faut savoir s'arrêter avant d'avoir épuisé toutes ses forces. Les femmes qui visent des tâches ambitieuses doivent se mettre dans la tête que pour elles aussi, la journée ne dure que vingt-quatre heures. Elles vont réaliser sans tarder que le potentiel d'énergie dont elles disposent est limité. Si donc on accepte une nouvelle mission, il est essentiel de se décharger ailleurs, en commençant par les travaux qui plaisent le moins et auxquels on renoncerait volontiers. Votre premier mouvement sera peut-être de vous dessaisir d'un dossier intéressant mais ce ne serait, vous le sentez bien, qu'un piège de plus.

Une fois que l'on a accepté l'idée de déléguer le travail fastidieux, les choses deviennent plus faciles.

Dressez la liste de vos tâches et classez-les sur une échelle allant de « ce dont je voudrais me débarrasser au plus vite » (parce que ce n'est pas rentable pour ma carrière, parce que c'est pénible ou ennuyeux) à « ce que je tiens absolument à conserver » (cela peut me rapporter quelque chose ou cela me plaît).

Faites ensuite la liste des compétences requises pour les tâches dont vous ne voulez plus. Écrivez en face le nom des personnes qui d'après vous exécuteraient convenablement ces tâches.

Soyez attentive à vos réactions pendant que vous établissez ces listes : quelles objections s'insinuent en vous ? Prenez le temps de les analyser et d'identifier vos propres inhibitions.

AYEZ LE COURAGE DE DIRE NON !

Savoir dire non est la première étape de la métamorphose de la gentille fille en méchante. C'est la capacité à repousser sans états d'âme une demande compréhensible du point de vue du demandeur, sans que cela perturbe le reste de la journée. La transformation n'est vraiment effective que lorsque l'on est capable de dire non, même à une amie proche.

Après plusieurs semaines très chargées, Ève se réjouissait à la perspective d'un dimanche tranquille. Or Sylvie choisit juste ce moment-là pour lui demander de garder ses jumeaux. Elle avait apparemment de bonnes raisons : l'homme qui vivait avec elle depuis de nombreuses années, et qui était aussi le père des enfants, avait l'intention de rompre. Sylvie voulait tenter une explication de la dernière chance. Son ami avait acheté un billet d'avion et, si la tentative de Sylvie de le ramener à ses devoirs échouait, il allait filer à l'aéroport et disparaître pour six mois. Ève n'avait pas de peine à comprendre le désir de Sylvie de lui confier ses enfants pendant quelques heures mais, pour la première fois, elle repoussa cette dramatique requête. Elle n'avait pas l'intention d'amputer son temps libre si précieux pour une opération qui n'était pas nouvelle et n'avait aucune chance d'aboutir.

Sylvie fut stupéfaite, elle ne s'attendait pas à cette réaction. « Tu me laisses tomber ! hurla-t-elle au téléphone. – Et toi, tu veux encore me faire supporter les conséquences de ton agitation inutile », rétorqua Ève. D'un seul coup lui revinrent en mémoire les explications interminables entre Sylvie et son ami, et elle sentit la colère monter en elle. Là-dessus, Sylvie changea de tactique et, chose rare chez elle, commença à gémir au téléphone. Ève, comprenant qu'elle allait se mettre à pleurer d'une minute à l'autre, la devança. « Il est hors de question que je garde les enfants ce week-end ! » Sylvie raccrocha brutalement.

Ève lutta pendant plusieurs minutes contre la tentation d'accepter malgré tout. Mais elle résista, d'abord parce qu'elle savait que les discussions du couple étaient depuis longtemps dans l'impasse, ensuite parce qu'elle sentait à quel point elle avait besoin de repos, et enfin parce qu'elle vit défiler toutes les occasions où elle avait donné un coup de main à Sylvie sans être jamais payée de retour. Ève réussit finalement à écouter un concerto pour piano dans une sérénité parfaite et sans un soupçon de mauvaise conscience à l'égard de son amie.

Voici quelques règles pour apprendre à dire non :

– Imprégnez-vous de l'idée que vous voulez dire non.

– Imaginez la scène et les personnages.

– Essayez de détecter les traquenards qu'on ne va pas manquer de vous tendre : regards, gestes, appels à la compassion, à la compréhension, etc.

– Fixez-vous une ligne de conduite qui vous servira de repère pendant la discussion : « Même si elle a l'air fâché, je reste calme et déterminée ! » « Même si elle me fait pitié, je ne me laisse pas fléchir ! »

– Sentez au plus profond de vous-même que vous tenez bon.

– Représentez-vous avec délectation tout ce que ce « non » va vous permettre de réaliser...

On ne peut faire preuve de détermination que lorsque l'on est convaincu soi-même.

Quand on croit ne pas avoir le droit de dire non ou ne pas être capable de s'en tenir à ce que l'on a décidé, on échoue nécessairement !

Le conditionnement de soi

Ce que la littérature spécialisée nomme « conditionnement de soi » décrit un système où l'individu œuvre à maintenir ce qu'il prend pour son destin. Exemple : vous avez beau être intellectuellement convaincue d'avoir autant de valeur qu'un homme, vous en doutez pourtant inconsciemment. Peut-être n'êtes-vous que *presque* aussi performante. Pour reprendre le proverbe allemand, vous pensez devoir vous contenter du moineau que vous avez dans la main, et vous n'envisagez pas un seul instant de grimper sur le toit pour attraper le pigeon. Car alors, vous rencontreriez deux obstacles : la peur de grimper, commune à tous, et celle de laisser échapper le moineau que vous tenez. La récompense espérée : le plaisir de grimper, et le pigeon. Et, entre les deux, la petite réflexion insidieuse qui vous gâche l'existence : « Oui, mais si je n'attrape pas le pigeon, ou si je tombe... » Alors que l'on pourrait tout aussi bien inverser la proposition : « Et si j'ai plaisir à grimper et que j'attrape le pigeon ! »

Il est évident que beaucoup de femmes dociles préfèrent cultiver leur image d'incapables, plutôt que de se mesurer aux autres, de dépasser leurs limites et de savourer leur succès.

Une image négative de soi-même est une forme de conditionnement : on finit toujours par s'y conformer.

Il y a de nombreuses femmes qui, en raison de leurs expériences passées, n'ont qu'une confiance très limitée dans leur avenir, leur capacité à réagir ou leur réussite professionnelle. Il serait cependant stérile de se lamenter sur son enfance « ratée », ou de regretter les occasions perdues. Il est plus constructif d'analyser son propre conditionnement négatif et de le remplacer par des représentations positives. La force de la représentation est illustrée par une expérience de Ludwig[5] :

Tandis que la main tient une ficelle à laquelle est suspendu un poids de quelques dizaines de grammes, on s'applique à suivre une double instruction : premièrement, ne pas bouger la main ; deuxièmement, imaginer un déplacement quelconque du poids. Au bout de quelques minutes, l'objet se déplace dans le sens imaginé.

D'autres expériences montrent qu'en travaillant avec des représentations positives les sportifs améliorent leurs performances, et que l'attente positive du maître fait progresser les élèves.

La foi ne déplace pas seulement les montagnes, mais influence également les performances et l'humeur, entre autres choses.

On sait tous que si l'on s'attend à un événement, il y a de fortes chances pour qu'il se produise.

Chantal est consciente d'agir par ses attentes sur le comportement des autres : si elle est convaincue que le nouveau collègue est sympathique, c'est ainsi qu'il lui apparaîtra. La manière dont on se présente à quelqu'un, la conduite qu'on adopte à son égard vont déterminer son attitude.

Le candidat sûr de se faire mal noter à l'examen adoptera probablement une attitude propre à indisposer l'examinateur.

On ne rend pas quelqu'un bon ou mauvais par la seule vertu de l'idée qu'on a de lui, mais il est évident que cette opinion influencera son comportement à un moment ou à l'autre.

Celle qui croit s'être levée du pied gauche attrape dans l'armoire justement les vêtements des mauvais jours, affiche une mine renfrognée, rate son bus, arrive contrariée au bureau... et peut s'attendre aux remontrances du patron parce qu'elle est en retard.

Ce sont là des situations que tout le monde connaît et imagine facilement. Mais le conditionnement de soi va aussi se loger là où on l'attend le moins. Il est fait d'attentes ignorées, enfouies au plus profond de chacun de nous. Il est difficile de dire à quel moment on est l'artisan de son propre destin, et à quel moment on est guidé par une attente inconsciente.

Lorsque l'on pense n'avoir joué aucun rôle dans ce qui est arrivé, ou quand on craint n'avoir aucune action sur le cours de certains événements, c'est sans doute le résultat d'un autoconditionnement.

Il n'est pas facile de déterminer si un comportement ou l'issue d'une situation relèvent ou non du conditionnement de soi. On ne peut pas affirmer avec une absolue certitude que les choses auraient pu se dérouler autrement. Dans certains cas, on a tout intérêt à analyser ses propres attentes, à décrypter les messages que l'on a intégrés, à faire préalablement l'inventaire de ses représentations inconscientes. Il est intéressant de refaire l'exercice après l'événement : c'est un bon moyen d'affiner sa perception de soi.

Le conditionnement agit également sur les performances. Les femmes, souvent enclines à se sous-estimer, s'attendent par conséquent à échouer et se considèrent incapables de beaucoup de choses. Si l'on ne s'attribue qu'une intelligence moyenne, voire pas d'intelligence du tout, on ne montrera guère d'intérêt pour un problème un peu complexe. On ne lui accordera pas l'attention nécessaire et l'on fournira une prestation médiocre. Quand en revanche une femme croit en ses compétences, elle garde le contrôle de la situation, sachant par expérience qu'elle peut influer sur les événements.

Sabine voulait une augmentation de salaire. Elle savait que ses résultats la justifiaient. Elle répéta la scène avec un ami, répertoriant les arguments qui étayaient sa demande. Elle fut si convaincante que son patron ne se contenta pas de lui accorder l'augmentation demandée, mais qu'il lui proposa aussi la direction d'un service.

Céline avait été désignée agent de recensement. Elle voulait se faire dispenser pour des raisons professionnelles et familiales. Comme elle travaillait et qu'elle était mère de deux enfants, cela ne devait pas poser de problème. Elle estimait être en droit de faire cette demande, et la petite répétition à laquelle elle s'était livrée avec son mari ne faisait que renforcer cette conviction. Son chef lui délivra sans hésiter un certificat d'incapacité, bien qu'il fût recenseur convaincu et n'ait jamais accordé cette dispense auparavant.

Les succès ne sont pas toujours aussi spectaculaires. Sabine et Céline connaissent aussi des situations où l'impuissance acquise est à l'œuvre. Mais elles savent que l'impuissance acquise n'est pas un élément constitutif de la personne. Ce n'est qu'un héritage de l'enfance, dont on peut s'affranchir. Si les choses ne marchent pas comme on le souhaite, ce n'est que partie remise. Plus tard, ou quand on sera en meilleure forme, il en ira autrement.

De même que l'attente positive favorise la réussite d'un projet, de même une attente négative peut le faire échouer. La recommandation : « Sois prudent ! » cache le message non intentionnel : « Je ne t'en crois pas capable ! Tu n'y arriveras pas. » C'est le sujet d'un conte pour enfants[6]. Le roi Rollo veut grimper à un arbre. Tous le mettent en garde : « Tu vas tomber et te faire mal », « Tu vas te salir les mains », « Tu vas déchirer ta veste ». Mais le roi Rollo n'écoute personne et veut grimper tout en haut. Il finit par tomber et doit subit les reproches des oiseaux de mauvais augure à qui l'histoire semble donner raison. Pourtant Rollo a eu sa récompense pour avoir négligé un avertissement bien intentionné : le plaisir de grimper. Il triomphe : « J'avais bien dit que j'irais jusqu'en haut ! C'était extraordinaire ! »

Avez-vous l'impression d'avoir déjà entendu ce genre d'observations ?

« Attention à ne pas tomber dans l'eau. »

« As-tu bien préparé ton exposé ? »

« Tâche d'être à la hauteur ! »

« Tu veux encore apprendre à skier, à ton âge... »

Quand on passe en revue les messages que les filles reçoivent durant l'enfance et l'adolescence, et qu'on se représente les modèles qu'elles sont censées suivre, on réalise clairement quelles sont les attentes auxquelles elles se conforment. La prise de conscience de cet héritage n'immunise pas à elle seule contre le conditionnement de soi. Les femmes continuent de penser que c'est aux autres ou au hasard qu'elles doivent leur savoir-faire. Elles partent du principe que leurs échecs sont programmés. Et, en semant le trouble dans leur esprit, la bonne copine préoccupée, sceptique ou narquoise, ne fait que remuer le couteau dans la plaie de leurs attentes négatives. Si elle parvient si facilement à déstabiliser son « amie », c'est que celle-ci nourrissait déjà de sérieux doutes sur elle-même. La semence destructrice est tombée sur le sol fertile du conditionnement de soi.

Delphine est architecte. Elle souhaitait obtenir la direction d'un projet d'une certaine envergure. Son chef hésita d'abord à la lui confier. Cela suffit à ébranler la confiance de Delphine. Elle fut finalement chargée de la mission, mais ne cessa de harceler ses collègues de questions dont en réalité elle connaissait la réponse. Son chef en fut contrarié, émit des critiques sur sa méthode de travail et la plaça sous les ordres d'un autre collègue.

Vanessa a quatorze ans et elle ressemble beaucoup à sa tante. Celle-ci était nulle en mathématiques et Vanessa est persuadée que c'est aussi son cas. Elle s'attend à devoir fournir des efforts aussi considérables qu'inutiles et, au lieu de travailler de manière assidue, ne fait que le strict minimum. Elle entreprend en fait de se prouver qu'elle n'est pas bonne en maths. Personne ne remarque que, dès que la situation devient vraiment alarmante, Vanessa réussit toujours à remonter ses notes et qu'elle se maintient ainsi à un niveau correct. Voici la courbe de ses résultats : 3,12, 7, 12, 7, 14. Inconsciemment, toute la famille travaille à la réalisation d'un conditionnement collectif.

La superposition de plusieurs conditionnements individuels peut menacer l'équilibre d'une famille. Le professeur en communication Schulz von Thun[7] décrit une dispute conjugale : la femme se fâche parce que le mari s'enferme parfois dans un mutisme absolu. Face à ces récriminations, il se renferme encore plus. Au bout d'un certain temps, il se retire dans sa coquille pour éviter les reproches, tandis qu'elle-même se fâche par anticipation. Les attentes de l'un et de l'autre se trouvent confirmées.

Même lorsque l'on croit avoir mis tout en œuvre pour prévenir les attentes négatives, il arrive qu'on attise le feu que l'on voulait éteindre. Peter H. Ludwig[8] cite l'exemple du professeur qui avait noté qu'un certain terme anglais était souvent mal prononcé par les élèves. Il tente d'y remédier en expliquant aux enfants comment ils ne doivent pas prononcer le mot. Les élèves retiennent l'accentuation défectueuse et viennent grossir le nombre de ceux qui ne prononcent pas correctement.

Il existe toutefois un pendant vertueux à ce cercle vicieux. Par exemple lorsque l'optimiste entretient une attente positive et, essuyant un échec, y voit des avantages. Ou quand un professeur, connaissant la formation universitaire des parents, s'attend à ce que l'enfant réussisse. L'enfant, sentant qu'il jouit d'un préjugé favorable, s'en trouve conforté. Comme il se sent accepté, il est motivé, participe activement, se montre attentif, et obtiendra en effet de meilleurs résultats qu'en l'absence de ce stimulant.

Ainsi se forge la conviction d'être intelligent, chanceux, éternel perdant, victime ou insignifiant. Et comme, pour reprendre l'image du proverbe, les pigeons sont attirés par leurs congénères, le système d'attentes positives ou négatives continue de s'alimenter lui-même.

Les femmes qui, petites filles, ont appris qu'elles valaient moins que d'autres se construiront une image d'elles-mêmes conforme aux attentes qu'on leur a inculquées.

Mais cette image ne se stabilisera qu'avec le concours de la mémoire sélective. Chacun de nous est réceptif à ce qui confirme sa vision des choses et qui devient pour lui la seule réalité. Les êtres humains perçoivent facilement et avec netteté ce qui correspond à leur attente. Mais ils s'empresseront d'oublier ce qu'ils n'attendaient pas et qui va à l'encontre de leurs idées. Paul Durand est le collègue grincheux tout désigné. Chaque matin, il commence par ronchonner et c'est la seule chose que l'on remarque. Si, d'aventure, il arrive de bonne humeur, personne ne s'en aperçoit.

Lorsque la situation n'est pas celle qu'on avait prévue, on affirmera que c'est l'exception qui confirme la règle.

L'IMPUISSANCE ACQUISE

Le conditionnement de soi n'apparaît pas spontanément. L'optimiste, comme le pessimiste, a appris à appréhender et à interpréter son environnement d'une certaine façon, et à faire des pronostics. Ce sont nos expériences passées qui ancrent en nous la conviction de pouvoir changer les choses ou pas. Le fait d'être persuadé de n'avoir aucune influence sur l'évolution d'une situation nous met à sa merci : « Il faut prendre la vie comme elle est. » La vie devient une catastrophe naturelle pour ceux à qui l'on a enseigné l'impuissance.

Chacun sans doute aimerait savoir ce que lui réserve le lendemain, l'année ou la décennie qui vient. Certains se font prédire l'avenir par les cartes, ou autrement. On se sent plus sûr quand on sait à quoi s'attendre. Cette impression de sécurité est trompeuse. Quand on s'est cru capable de prévoir un événement, on se sent trahi par le destin si la prédiction ne se réalise pas. Et cela, même si elle était défavorable, ce qui est assez paradoxal. Le seul fait de s'être trompé dans ses pronostics est vécu comme un événement perturbateur. Si tant de femmes prennent leur parti de situations personnelles difficiles, c'est que, convaincues de ne pouvoir agir sur les événements, elles en ont abandonné le contrôle. Ces femmes décident de ne plus rien attendre de la vie, un état d'esprit qui, curieusement, leur procure un sentiment de sécurité. Elles ont appris très tôt à accepter de vivre à l'ombre, et revenir à la lumière – succès, pouvoir, influence ou seulement joie de vivre – impliquerait pour elles le risque d'échouer, ou de se déconsidérer. Quand elles sont en terrain inconnu, les femmes ont l'impression de courir à leur perte, tandis que l'état de dépendance est fiable et sans surprise. Elles croient pouvoir le gérer parce qu'elles s'y sont aménagé des jardins secrets, des espaces de liberté. Mais elles s'illusionnent si elles pensent s'être donné par là les moyens d'assumer leur vie. La passivité n'est pas une solution, pas plus que la menace. Lorsque les femmes se considèrent incapables de maîtriser une situation complexe, chaque modification, même susceptible d'apporter une amélioration, est perçue comme un risque difficile à apprécier, et donc comme un danger.

Fouillez dans vos souvenirs.

On peut mettre au jour des mécanismes et des rituels devenus immuables, par exemple en fouillant dans son passé.

Recherchez les messages qui ont baigné votre enfance ! Demandez aux amis, frères et sœurs, cousins et cousines, tantes, parents et grands-parents, comment les choses se passaient chez vous. Quelles informations avez-vous reprises à votre compte ?

Commencez par identifier un mécanisme particulier : pour cela, il vous suffit d'observer des situations qui se répètent et d'en dégager les similitudes, jusqu'à ce que vous ayez acquis la conviction que cet enchaînement de faits n'est pas inéluctable.

« Prendre conscience » ne signifie pas encore « changer ». C'est seulement dans un troisième temps que vous déciderez éventuellement de modifier votre comportement.

Vous devrez d'abord bien connaître vos réactions avant de pouvoir opérer les transformations souhaitées.

Recherchez les attentes, même inconscientes, qui conditionnent votre manière d'être !

Le fait qu'une attente soit consciente, voulue ou involontaire n'affecte en rien son efficacité.

Recherchez ce que vous attendez des autres, et quelles attentes d'autrui vous vous appliquez peut-être à satisfaire !

Mieux on connaît l'héritage que l'on porte, et plus il est facile de distinguer ses propres attentes de celles des autres. Le principe s'applique aussi aux attentes construites à partir d'expériences personnelles. Notons à ce propos que toute remarque orientant involontairement l'attente de quelqu'un peut constituer le point de départ d'un conditionnement. L'apparence physique crée une attente. On trouvera sympathique une femme que l'on ne connaît pas, simplement parce qu'elle ressemble à une amie d'autrefois. On attend d'elle la même bienveillance, donc on l'accueille avec chaleur et l'on ne tarde pas à la parer de toutes les vertus.

Souvent, l'aspect extérieur suscite une attente particulière : celui qui porte des lunettes sera considéré a priori comme un intellectuel, travailleur mais dépourvu d'humour. Une blonde sera forcément sexy. Bien habillé, ou sympathique, on sera intelligent. Si une personne vous fait penser à une autre, vous lui attribuerez les qualités de celle-ci. Il est rare que l'on révise ensuite ses préjugés. La plupart du temps, on s'en tient à l'impression première.

JE SUIS COMME ÇA, ON NE PEUT RIEN Y FAIRE

On a de soi une vision figée, qu'il s'agisse de ses compétences ou de l'effet que l'on produit sur les autres. Cette image de soi est faite des expériences de l'enfance, stabilisées au cours du temps. Devenu adulte, on s'y conformera le plus souvent, sélectionnant dans les situations rencontrées ce qui tend à la conforter.

Ainsi, la femme persuadée de ne pouvoir partir seule en vacances ne tentera jamais d'entreprendre seule un voyage.

L'impression d'être quasiment dépourvu d'imagination spatiale réfrénera l'envie de devenir décorateur. La conviction de manquer d'agilité étouffera toute velléité d'apprendre à skier. Quand on se croit anxieux, on ne se reconnaît pas le droit à l'exubérance. Le sentiment d'être ennuyeux retient d'aborder les autres. Si l'on manque de confiance en soi, on ne s'apercevra pas que l'on est bien accepté, ou bien on se débrouillera pour trouver à l'attitude des autres des explications renforçant l'image négative que l'on a de soi[9].

> Vous imaginez-vous entreprenant seule une petite excursion pendant le week-end, ou même un voyage lointain ? Allant seule à la gymnastique de préparation aux sports d'hiver ? Ou suivant seule un cours de danse de société pour débutants ?

Hélène est vendeuse. Un samedi, elle s'est retrouvée seule à tenir la boutique. Elle a maîtrisé sans difficulté la situation, ce qui lui a valu les éloges de sa patronne. Commentaire d'Hélène : « De toute évidence, elle ne me faisait pas confiance. Ce n'était pas un compliment, juste du soulagement. »

Celle qui manque de confiance en soi attribuera généralement ses succès aux circonstances extérieures. Ingrid avait dessiné les plans de sa cuisine. Le conseiller-cuisiniste était admiratif. Réponse d'Ingrid : « C'est facile. Dans tous les catalogues on vous explique comment faire. Et c'est grâce à mon père que je sais un peu dessiner. »

Quand, systématiquement, on cherche ailleurs qu'en soi-même les raisons de ses succès, mais que l'on tient à porter la responsabilité de ses échecs, on se fabrique de soi-même une image désastreuse. Même si le succès est dû à une préparation intensive ou à un travail acharné, on ne le comptabilise pas dans ses mérites. On s'emploie à trouver une justification extérieure, conforme à sa propre attente négative. Cette attitude ne présente pas que des inconvénients : puisque l'on ne peut pas vraiment faire bouger les choses, inutile de se fatiguer ou de s'évertuer à améliorer ses performances. Tous les efforts sont vains. On prend l'échec pour une fatalité, comme ça, on ne risque pas d'être déçu.

Ce n'est pas parce qu'un succès ponctuel viendra démentir cette image négative que l'on va modifier son attente face aux événements. On parle à ce propos de résistance de l'attente. Les attentes sont, comme les préjugés, incroyablement stables et terriblement réfractaires au changement. On aura beaucoup de mal à convaincre de ses compétences celui qui croit n'en avoir aucune.

Cette stabilité de l'attente est fatale aux femmes. Dès la petite enfance, elles subissent un conditionnement qui tend à les persuader de leur impuissance. Le sentiment d'impuissance et d'absence de contrôle sur les événements qui les concernent, ajouté à la conviction que cette donnée n'est pas modifiable, précipite les femmes dans un état de dépendance sociale. Elles ont besoin qu'on leur dise : « C'est bien ! Tu as bien fait ! Tu es très forte ! » même si pour finir elles mettent souvent en doute ces déclarations.

Les femmes imaginent n'avoir aucun rôle actif dans l'organisation de leur existence. C'est pourquoi elles ont tant de difficulté à se considérer responsables d'elles-mêmes et de leur avenir. Elles mettent trop de choses sur le compte du destin. Elles sont intimement convaincues de leur impuissance, indépendamment du dynamisme dont elles font preuve et de l'aura dont elles jouissent. Dans le meilleur des cas, elles se prennent pour d'habiles mystificatrices. Elles ont réussi à donner le change et à se faire passer pour ce qu'elles ne sont pas.

Les femmes doivent étudier des stratégies qui leur permettent de s'assumer vraiment. Cela passera par l'élaboration de nouvelles grilles d'interprétation du succès et de l'échec. L'objectif : parvenir à une double certitude. D'une part : « Il existe une solution. Je suis en mesure de la trouver. » D'autre part : « Je veux briser les normes et enfreindre les règles. » C'est la voie royale pour celle qui veut s'affirmer.

Il y a une recette très simple contre le sentiment d'impuissance, c'est de faire le plus tôt possible l'expérience que l'on peut contrôler les événements. Dans la théorie de l'impuissance acquise, exercer un contrôle signifie avoir une influence sur l'issue de la situation. Si j'ai le courage de monter sur le mur, je pourrai cueillir les cerises. Si je travaille avec acharnement, mes résultats vont s'améliorer. Si je me couche tard, je serai fatiguée. Si je pose clairement mes exigences, et seulement à cette condition, les autres sauront ce que je veux.

On ne peut certes pas corriger le passé. Mais on tient en main son avenir.

Ou bien je considère ma propre vie comme définitivement figée et immuable, ou bien je décide d'agir et de changer ce qui ne me plaît pas.

L'impuissance est acquise, et donc révocable. Cela passe par une reprogrammation de soi, étape par étape, au terme de laquelle on admettra que le comportement B est la conséquence logique du comportement A.

Une femme qui a peur de quitter sa maison parce qu'elle redoute qu'il lui arrive quelque chose doit petit à petit réapprendre à sortir et constater qu'il ne se passe rien. Elle ne tentera pas l'expérience d'un seul coup, mais d'abord de manière fictive, puis en compagnie de quelqu'un, et enfin seule dans un environnement familier.

Pour celle qui se sent impuissante parce qu'on ne lui a appris qu'à subir, le plus difficile est de passer à l'action. Le sourire traduit fréquemment la passivité. Certaines femmes sourient d'un air embarrassé, hésitant, ou modeste, et elles n'entreprennent rien. Derrière le sourire se cache le sentiment d'être à la merci des autres ou des événements. Ces femmes se considèrent généralement incapables d'agir sur quoi que ce soit. En souriant et en se tenant tranquilles, elles espèrent éloigner d'elles le calice, sans savoir ce qu'il renferme.

La passivité peut constituer une forme de soulagement. Une femme depuis deux ans en stage de consolidation de la personnalité ne s'est toujours pas décidée à poser sa candidature pour un poste de cadre. Elle explique : « Actuellement, je n'ai pas à me demander si les choses marcheront comme je le souhaite, ou si je suis aussi bonne que ma collègue. Je n'ai qu'à m'asseoir à mon bureau et à trier mes dossiers. »

La passivité n'est pas anodine. Une expérience[10] consistait à demander à des sujets pris comme cobayes de corriger des travaux écrits, et à les plonger pendant ce temps dans un environnement extrêmement bruyant. Ceux qui, convaincus que le bruit leur était imposé, *croyaient* ne pas pouvoir l'éteindre ou baisser le volume, furent moins efficaces que ceux qui partaient du principe qu'il était en leur pouvoir de s'y soustraire. On leur avait conseillé de ne pas supprimer l'ambiance sonore. En réalité, les deux groupes avaient été soumis à la même nuisance.

Il se trouva que, même si la conviction des seconds était fausse, et qu'ils se contentaient de *croire* qu'ils pouvaient agir sur le bruit, leurs résultats furent meilleurs.

D'autres études ont montré que les personnes incapables d'exercer une influence sur une situation donnée étendent cette expérience aux situations nouvelles : elles s'attendent à n'avoir pas davantage d'influence sur les événements à venir et finissent par être totalement passives.

Deux chercheurs [11] avaient soumis à des étudiants des problèmes, certains solubles, d'autres non. Cela se passait de la manière suivante : on présente à l'étudiant deux cartes, une blanche et une noire. Si, à chaque fois qu'il tire la carte noire, on lui dit qu'il a gagné, c'est rationnel et le problème est soluble. Si, en revanche, le fait de gagner n'est plus lié à la couleur de la carte tirée, il ne peut en déduire aucune règle. Aussitôt après, les mêmes étudiants sont exposés à un environnement sonore ; ceux qui ont eu les problèmes solubles s'empressent d'éteindre, tandis que les autres supportent le bruit sans intervenir. On retrouve cette absence de réaction chez ceux qui sont récompensés sans l'avoir mérité. Ce n'est pas la récompense qui compte, mais sa corrélation avec la réponse donnée. Une récompense qui surgit de façon incontrôlable et imprévisible est tout aussi frustrante qu'une punition arbitraire.

Les étudiants confrontés aux problèmes insolubles montrèrent durant le test moins de combativité et eurent tendance à se mettre en retrait, tandis que les autres firent davantage preuve d'esprit de compétition.

Ayant reçu pendant l'enfance quantité de messages paralysants, les femmes adopteront une attitude passive et résignée lorsqu'elles seront adultes. Dans leurs jeux de petites filles, ce qui importait était de faire quelque chose ensemble et en bonne harmonie. Le but n'était pas de gagner mais de participer. Quand on gagnait, il fallait avoir le triomphe modeste. Malheureusement, la modestie est la jolie boîte dans laquelle on enferme la volonté d'entreprendre. On continue pourtant de nos jours à promouvoir cette discutable vertu. Émilie explose de joie parce qu'elle a obtenu un 18. Le professeur l'incite à plus de retenue afin de ménager la susceptibilité des autres. Les garçons, eux, manifestent toujours bruyamment leur satisfaction quand ils récoltent une bonne note, et personne ne songe à les rappeler à l'ordre. Ce n'est pas bien de montrer qu'on est meilleur que les autres. Ce n'est pas bien non plus d'avoir de mauvaises notes. Émilie est prise au piège.

Comme les êtres humains ont tendance à généraliser leur expérience, c'est-à-dire à en tirer des conclusions valables pour tous les domaines de l'existence, l'expérience de leur impuissance dans une situation donnée se répercute sur toutes les situations ultérieures.

Les généralisations simplifient la vie parce qu'elles dispensent d'envisager chaque situation comme si elle était nouvelle mais permettent au contraire de s'appuyer sur les expériences antérieures. Cela constitue un avantage réel. Malheureusement, les généralisations contribuent aussi à renforcer les conditionnements négatifs.

Plus tard, un succès ne suffira pas à lui seul à supprimer l'attitude d'impuissance. En revanche, l'expérience répétée de l'apparente toute-puissance des événements conduira à un déficit chronique de la capacité d'agir[12].

Des études ont montré les répercussions de l'impuissance acquise[13]. Elles sont au nombre de trois :

1. La stimulation à agir s'émousse.
2. La faculté à reconnaître ses succès diminue.
3. La tendance à réagir de manière émotionnelle se renforce.

Quand on rapproche ces manifestations du cliché selon lequel la femme serait un être soumis, passif, dépourvu d'ambition, susceptible, très sensible, peu porté vers les sciences physiques et les mathématiques[14], les ressemblances sont frappantes.

Si l'on part du principe que l'on peut désapprendre le comportement d'impuissance, il faut réfléchir aux moyens les plus efficaces pour y parvenir. L'objectif est l'ancrage d'une expérience différente : je peux agir sur tous les domaines de l'existence. Comme celles à qui l'on a enseigné l'impuissance se montrent d'une extrême passivité, la principale difficulté sera de les remobiliser. Il faudra dans un premier temps les contraindre à agir, à moins que l'impulsion ne vienne d'elles et qu'elles n'essaient de forcer leur nature. Elles doivent réapprendre l'action, même si cela va à l'encontre de leur conviction que *ça ne sert à rien*. Le risque d'un échec n'est pas mince car si elles échouent dans leur tentative, elles y verront la confirmation de leurs attentes négatives. Et si elles réussissent, elles interpréteront ce succès à leurs dépens.

Heureusement, les expériences positives sont, elles aussi, résistantes au changement. Si quelqu'un croit pouvoir, par son action, infléchir le cours des choses, il sera difficile de lui ôter cette certitude.

Par ailleurs, on a tous expérimenté qu'on peut se sentir sûr de soi dans un environnement familier, tandis qu'un autre contexte engendrera hésitation et impuissance.

Souvent, le simple fait de s'attendre à ne pas pouvoir contrôler un événement a un effet paralysant, alors que la conviction d'être en mesure de le contrôler pousse à l'action.

Ainsi, des élèves auxquels le professeur aura donné auparavant des exercices insolubles ne parviendront pas à résoudre ceux qui sont solubles. Ils y réussiront cependant sans problème auprès d'un *autre* professeur[15].

Tandis qu'un échec majeur crée une attente négative face à d'autres événements de moindre portée, le contraire est faux. Celui qui, après des révisions intensives, rate son examen final se considérera globalement incapable de résoudre des problèmes même simples, alors qu'un devoir raté ne sera pas ressenti comme un mauvais présage pour l'examen.

LA DÉPRESSION, UNE RÉPONSE AU SENTIMENT D'IMPUISSANCE

La dépression résulte souvent de l'apathie, de l'inaction, du manque d'initiative et de l'incapacité à agir, qui sont aussi les manifestations de l'*impuissance acquise*. En règle générale, les dépressifs ne sont pas en mesure de produire un travail quelconque, ils négligent leur apparence physique, sont indifférents, fatigués. Rien ne les intéresse. Ils préfèrent être seuls, marchent en traînant les pieds, sont incapables de prendre une décision. Ils éprouvent un sentiment de vide, manquent de ressort, se sentent au bout du rouleau.

Avec un peu de méchanceté, on pourrait dire que c'est la caricature de la nature féminine. Les traits de caractère qu'on vient de citer pourraient avoir pour noms : retenue excessive, passivité, conformisme ou manque de confiance en soi.

Les dépressifs ne sont pas capables de prendre leur vie en main. Les femmes seront de charmantes irresponsables. Elles dépendront affectivement et matériellement de leur mari. Elles ne se sentiront en sécurité que dans l'environnement familier de leur foyer, et en SA présence.

En promouvant cette image de la femme, on pose les jalons de l'impuissance acquise et de la dépression.

Les dépressions sont plus fréquentes chez les femmes que chez les hommes. Elles vont de pair avec les symptômes mentionnés plus haut et impliquent une certaine difficulté à communiquer avec les autres, handicap que l'on retrouve chez les femmes restées longtemps à l'écart de la vie professionnelle. Ces femmes racontent qu'au bout d'un an ou deux elles avaient perdu l'habitude de s'exprimer, n'osaient plus adresser la parole aux personnes qu'elles ne connaissaient pas et avaient tendance à fuir les contacts. C'est à la maison qu'elles se sentaient le mieux.

Les dépressifs se croient plus désarmés qu'ils ne le sont en réalité, proches en cela des femmes, même non dépressives.

Elles se trouvent stupides et dépourvues de charme. Elles n'osent pas entreprendre quelque chose seules et s'attendent toujours à échouer. Les dépressifs, hommes ou femmes, ont la même façon d'expliquer leurs succès et leurs échecs.

Les non-dépressifs attribuent leurs succès à leur savoir-faire. Mais lorsque l'on teste les réactions des dépressifs, on constate qu'ils se sentent aussi démunis face à un exercice d'adresse que devant un problème insoluble.

Pour sortir du sentiment d'impuissance, il faut nécessairement passer par l'expérience provoquée, voire imposée, des répercussions positives du comportement que l'on adapte.

Il est toujours gratifiant de sentir qu'on exerce une action quelconque. C'est déjà vrai pour le nourrisson qui, en agitant son hochet, réalise qu'il est l'auteur du son qu'il perçoit. Les bases sont jetées au moment où l'on autorise le bébé à tenir son biberon. Il apprend ainsi à satisfaire lui-même ses besoins. Les parents qui facilitent à leurs enfants la découverte du lien de cause à effet entre leur comportement et ses conséquences, et leur permettent ainsi de faire l'expérience de l'influence qu'ils exercent sur les événements, ces parents-là pratiquent une prévention active contre le sentiment d'impuissance.

Quand en revanche l'enfant n'a pas la possibilité de dominer ses frustrations, ou quand les parents résolvent les difficultés à sa place, ils entretiennent en lui un sentiment d'impuissance. L'impuissance acquise dans l'enfance est d'autant plus néfaste qu'elle étouffe dans l'œuf toute motivation à apprendre et à résoudre soi-même ses problèmes. On le voit bien au comportement des filles dans les disciplines scientifiques. Après une série d'échecs, la plupart se résignent. On assiste à une forme de fatalisme fréquente chez elles. Christelle sèche les cours de maths : « La prof ne prend pas les filles au sérieux. De toute façon, elle ne m'interroge jamais. »

Pour annuler l'impression d'impuissance, il faut trouver aux échecs des explications rationnelles et chercher à en identifier précisément les causes.

Avez-vous eu plus d'une fois l'impression d'attribuer l'insuccès de vos entreprises à une déficience personnelle ? Si c'est le cas, essayez de trouver des boucs émissaires, les circonstances extérieures, par exemple, ou quelqu'un d'autre.

Les petites filles sages ont appris à toujours porter le poids de la faute. Les méchantes en rejettent la responsabilité sur les autres, leur mauvaise forme ou le contexte. Il ne s'agit pas pour moi de vous inciter à vous disculper à bon compte. Mais il est essentiel pour vous de comprendre qu'il existe d'autres grilles d'explication et l'assurance que, demain, tout sera différent.

On devrait enseigner très tôt à chacun qu'il est en son pouvoir de vaincre la peur, la monotonie, la douleur et les difficultés. Malheureusement, les filles sont souvent surprotégées. Et elles n'ont pas l'occasion d'apprendre qu'elles peuvent venir à bout des difficultés elles-mêmes.

Quand on fait l'expérience précoce d'une réelle influence sur les événements, on est « immunisé[16] » contre toute tentation d'impuissance à l'âge adulte.

Or, c'est justement cette expérience dont les filles sont privées.

Les « vaccinations » ultérieures sont moins efficaces. Il faut d'abord soigner la « maladie ». Puis procéder à des expositions répétées, sous forme d'événements apportant la preuve que « je suis capable d'aplanir les difficultés et de surmonter les obstacles », sans oublier les rappels qui assureront une protection durable.

Ce n'est que petit à petit que l'on parviendra à restaurer la volonté de décider soi-même que le sentiment d'impuissance avait annihilée.

L'adulte qui fait l'effort de rechercher parmi ses expériences passées celles témoignant de sa faculté à faire bouger les choses, et qui se remet en mémoire les épisodes de sa vie où il a, par son action, infléchi le cours des événements, porte au sentiment d'impuissance un coup fatal. Cette démarche implique une révision de ses schémas d'action. Identifier succès ou échecs ne pose aucun problème. Il est en revanche plus difficile de démêler l'écheveau de ses actes et d'y apporter les modifications nécessaires. Je veux parler ici de l'attitude corporelle, des expressions que nous prenons, de la langue que nous employons.

Le sourire désarmé

LES ATTITUDES DE SOUMISSION

À travers les différents aspects du langage corporel, les femmes transmettent un seul et unique message : « Je suis petite et démunie. Je ne représente pas une menace pour toi. » Elles font de plus petits pas que les hommes, prennent moins de place qu'eux.

Marianne Wex[17] a analysé deux mille photographies de femmes. Elles se tiennent les bras près du corps, posent avec précaution un pied devant l'autre. Une femme laissera en marchant dans le sable une trace presque droite alors que, chez l'homme, on distingue nettement l'empreinte de chaque pied. En caricaturant les deux démarches, on peut en faire ressortir les avantages (ou les inconvénients). Les femmes avancent à petits pas, en préservant un fragile équilibre. Les hommes se déplacent d'un pas assuré, bien en appui sur les deux jambes.

On arrive aux mêmes conclusions en étudiant les femmes en position assise : elles essaient de prendre le moins de place possible, les bras le long du corps, genoux et jambes serrés, les pieds parallèles ou tournés vers l'intérieur. C'est une attitude que l'on n'observera pratiquement jamais chez les hommes, sauf dans des groupes bien déterminés. Seuls des hommes socialement très défavorisés se tiennent de cette façon.

Avant la puberté, garçons et filles ne se distinguent pas dans leurs attitudes. C'est apparemment à l'adolescence que les filles commencent à adapter leur comportement et leur tenue aux exigences de la société. Après une période de rébellion, elles deviennent plus dociles, plus modestes et plus craintives, et modifient leur attitude corporelle en conséquence.

La mode contribue à encourager l'aisance et la décontraction chez les hommes. Vestes larges, pantalons amples permettant de poser sans problème le mollet droit sur le genou gauche, des chaussures plates et confortables rendant sûres la démarche comme la station debout. Les chaussures de femme, en revanche, sont censées faire apparaître le pied plus petit, au détriment du confort et de l'équilibre. Les vêtements féminins serrent et compriment, et n'autorisent pas une grande liberté de mouvement. Les jupes larges ne font pas exception : si elles donnent un peu plus d'agilité, elles ne permettent pas de courir.

Demandez à une amie de s'asseoir en face de vous. Observez la manière dont elle se tient et essayez de l'interpréter. Regardez la position des jambes : quelle impression se dégage de son attitude ? Comment se sent-elle ? Demandez-lui ensuite d'écarter les bras, de desserrer les jambes, ou de s'avachir en occupant toute la place. Quelle signification donnez-vous à cette nouvelle attitude ? Que ressent maintenant votre amie ? Que pensez-vous et qu'éprouvez-vous quand vous voyez une femme se tenir de cette façon ? Refaites l'expérience vous-même, et prenez le temps d'étudier vos impressions.

Même chose avec un homme :

Priez un ami de s'asseoir et procédez de la même manière. Dans un deuxième temps, demandez-lui de se tenir comme une femme, en exagérant la position : jambes serrées, à l'oblique, les bras près du corps, le regard légèrement baissé. Cet homme-là vous plaît-il ? Et lui, comment se sent-il ? On peut faire le même genre d'exercice en marchant, d'abord à petits pas trottinés, un pied juste devant l'autre (pensez, pour caricaturer, à certains mannequins qui défilent), puis à grands pas amples.

On entend souvent les hommes se moquer de la manière dont courent beaucoup de femmes : le bassin légèrement en avant, les genoux serrés, lançant les jambes en arrière à droite puis à gauche. C'est comique, en effet. Même lorsqu'elles courent, ces femmes continuent de tenir les jambes serrées. Elles ont l'air non seulement ridicules mais handicapées. On trébuche, ça fatigue, et on n'avance pas.

Pour les femmes de grande taille, essayer de tenir le moins de place possible relève de la prouesse. Elles ont recours à différents stratagèmes pour paraître frêles. Elles portent des chaussures à talons plats, rejettent le bassin sur le côté, se tiennent latéralement en S, dans le seul but de ne pas faire paraître petit l'homme qui est à leur côté. Elles rentrent les épaules, baissent la tête, lèvent un regard timide... et ressemblent à des tortues.

Lors d'un stage de deux jours sur le langage corporel, Christine raconta une dispute avec son mari. Il est plus petit qu'elle. Pourtant, Christine se sentait toute petite à côté de lui, une écolière face à son professeur. Elle était un peu intimidée par la colère et l'agressivité dont il faisait preuve. Dans le jeu de rôles qui suivit, les autres femmes observèrent avec étonnement l'allure de Christine face à une participante plus petite qu'elle : alors qu'elle avait une bonne demi-tête de plus que sa partenaire, elle paraissait plus petite.

Debout, jambes serrées, le regard baissé comme si elle avait honte, la tête à la fois penchée et inclinée sur le côté, Christine parlait à voix basse et en pleurnichant presque, par un effet de la compression du larynx. Elle tenait le bras droit le long du corps, la main droite effleurant la cuisse gauche. De sa main gauche elle serrait son coude droit, tout en avançant les épaules. L'une était légèrement penchée, on avait l'impression qu'elle finirait par cacher la bouche et le menton. Elle avait le souffle court car le thorax, comprimé, ne permettait pas une respiration ample. Christine faisait penser à un jeune chiot qui a désobéi et se demande ce qui va lui arriver. Elle mit le jeu de rôles à profit pour essayer d'autres attitudes.

Je lui demandai d'imaginer une situation dans laquelle elle s'était sentie à l'aise. Elle décrivit la discussion qu'elle avait eue récemment avec une collègue. Il s'agissait de déterminer laquelle des deux participerait à un stage d'informatique. Christine tenait à ce stage. Elle dépeignit son attitude pendant la discussion, la tête droite, presque autoritaire, défendant son point de vue et avançant ses arguments en regardant son interlocutrice droit dans les yeux.

Tout en nous racontant cela, elle avait accordé son attitude à son récit et s'était redressée. Elle fixait son regard sur sa partenaire, une main dans la poche, l'autre le long du corps. Et même si un sourire hésitant continuait de flotter sur ses lèvres, elle semblait nettement plus sûre d'elle. Se tenant plus droite, elle faisait vraiment sa taille. Le sourire de Christine prit une autre signification. Elle s'en servait maintenant pour apaiser sa partenaire, ne voulant pas paraître menaçante.

Les autres participantes confirmèrent que, non seulement Christine donnait l'impression d'avoir plus d'assurance, mais elle semblait aussi tout à fait capable d'exprimer par son attitude une certaine agressivité.

C'est justement cela que redoutait Christine. Elle avait peur de paraître brutale. Sa grand-mère, déjà, l'avait mise en garde, lui recommandant d'être plus discrète et plus réservée si elle ne voulait pas effaroucher tout le monde par ses manières bruyantes et directes. Sinon, personne ne s'intéresserait à elle et elle ne trouverait pas de mari.

Une femme assise se tient souvent de cette façon :

Jambes croisées, serrées l'une contre l'autre, à l'oblique, les pieds chaussés de talons hauts. J'ai entendu sur une chaîne privée une sexologue dire qu'elle trouvait cette attitude sexy.

Les femmes occupent de préférence le coin du canapé, tandis que les hommes s'étalent largement au milieu. Les femmes empiètent rarement sur le territoire des autres, alors que les hommes investissent le terrain qu'elles abandonnent trop volontiers. Les femmes renoncent à défendre leur espace personnel.

À peine sorties de l'enfance, les filles apprennent les attitudes modestes censées attendrir. Une petite fille de dix ans s'était installée confortablement sur une chaise, les jambes écartées. Un ami de son père lui fit la morale : « Ce n'est pas une tenue pour une fille. » (Il n'écouta pas la prudente objection de la mère faisant remarquer que l'enfant était en pantalon.) L'ami n'expliqua pas comment les filles devaient se tenir. Mais l'enfant prit une position qui la faisait paraître plus petite, plus jeune et plus gentille, presque timide. Elle avait tout de suite compris : prendre le moins de place possible, se tenir droite, serrer les jambes. Les deux hommes sourirent avec bienveillance et hochèrent la tête d'un air entendu.

Beaucoup de femmes connaissent ce maintien, on leur enseigne aussi dans les cours de danse de société. Que les femmes portent ou non un pantalon ne change rien au code de bonne tenue qui leur commande de se faire toutes petites et discrètes. Et elles le respectent. Quand elles prennent leurs aises, elles se sentent vaguement gênées et un peu déplacées.

Ces règles ont un but évident : essayez donc de vous faire entendre et d'imposer votre opinion, les jambes serrées, en équilibre instable sur des talons hauts, la tête inclinée et la gorge comprimée !

Les femmes sont particulièrement désarmantes quand elles inclinent gentiment la tête sur le côté en souriant, semblables à de braves petits chiens. « Je suis timide, je ne sais pas si je fais tout comme il faut », voilà ce qu'exprime cette attitude.

On ne voit quasiment que des femmes se tenir de cette façon. C'est un signe d'humilité, et le premier pas vers l'attitude de soumission. Ces poses et gestes embarrassés répondent à l'exigence qu'on pourrait formuler ainsi : Sois belle, aimable et docile !

Elles rejettent maladroitement la mèche qui leur tombe sur le front, croisent et décroisent les jambes en souriant d'un air indécis, réajustent timidement leur jupe, se frottent doucement la cuisse, et annoncent par là : « Nous sommes de petits chats ronronnants qui ne sortent jamais leurs griffes. »

La femme passe-muraille

De nombreuses femmes s'efforcent de satisfaire à l'exigence suivante : sois discrète, ne te fais pas remarquer, sois modeste, tiens-toi tranquille. Elles vivent masquées. Elles sourient et restent en retrait. Elles n'interrompent pas les autres. Elles écoutent patiemment les discours des bavards, au lieu d'intervenir pour donner leur opinion.

Dans l'un des séminaires que j'organise pour les personnes qui veulent savoir si elles sont perçues comme elles se perçoivent elles-mêmes, on trouve toujours des femmes que leur air pâle, timide et réservé semble condamner à rester dans leur coin. En début de stage, les autres participants sont mal à l'aise avec elles. Souvent, derrière le masque, il y a une fine observatrice qui juge les autres avec acuité et sans ménagement. Mais cela n'apparaît qu'au moment où elles sont priées de donner leur avis. Dans la vie quotidienne, il ne viendrait à l'idée de personne de demander à ces femmes ce qu'elles pensent. Par leur maintien, leur regard, leur tenue vestimentaire, elles transmettent un seul message : « Je ne suis personne, je n'ai rien à dire. En parlant, je risquerais de me tromper ou d'ennuyer les autres. Je ne veux pas être injuste envers qui que ce soit. Laissez-moi me taire. »

Maryse était l'une de ces femmes effacées. Assise, elle se tenait repliée sur elle-même, le dos rond, penchée en avant, la tête rentrée dans les épaules. Elle fixait le sol, appliquée à ne regarder personne et à ne pas se faire « prendre » dans les rares instants où elle levait son regard sur les autres.

Ses vêtements traduisaient son désir de passer inaperçue : couleurs ternes, coupe classique, avec comme seules taches de couleur un peu de strass sur les chaussures ou une inscription en rouge sur le tee-shirt. Ses gestes manquaient d'énergie et de fermeté, suggéraient l'évanouissement proche. Telle était la première impression. Mais quand elle se mettait à parler et sentait un courant de surprise admirative traverser l'auditoire, alors elle s'animait.

Euphorique, presque cynique, elle laissait entrevoir le mordant, la force, la perspicacité dont elle était capable. Malheureusement, cet aspect de leur personnalité fait tellement peur aux femmes comme Maryse qu'elles n'ont ensuite qu'une envie : disparaître dans le sol. En montrant leurs opinions et leur capacité de jugement, elles redoutent de se faire rejeter ou critiquer. C'est d'ailleurs une crainte justifiée, tout simplement parce que leurs analyses décapantes sont trop peu en accord avec leur aspect physique. On ne s'attend pas de leur part à des jugements aussi corrosifs. Et l'on est souvent heurté par la soudaine brutalité qui jaillit d'elles. Celle qui se tait docilement depuis toujours a tendance à aller trop loin lorsqu'elle sort de sa réserve. Les autres ne l'acceptent pas sans réagir. Ils prennent peur et se défendent. Et c'est ainsi que l'audace, à peine déployée, est aussitôt étouffée.

Regarde-moi, petite

Casablanca est un film que je revois toujours avec plaisir. Mais on ne peut pas dire que l'actrice Ingrid Bergman y représente un modèle d'affirmation de soi pour les femmes.

« La petite » ne pourra *le* regarder qu'après y avoir été autorisée. Nous trouvons romantiques le regard effarouché qu'elle pose alors sur lui et la manière dont il lui prend doucement le menton, mais le message est autre : c'est l'homme fort qui décide quand la faible femme peut porter les yeux sur lui. Il prend d'abord un ton protecteur (« petite »). *Maintenant*, elle peut lever sur lui des yeux embués de larmes.

Le regard de beaucoup de femmes exprime mieux que de longs discours leur instinct de soumission. Il reflète une personnalité timide et craintive. De peur de rebuter ou de blesser l'autre par un regard trop insistant, les femmes baissent les yeux d'un air embarrassé ou regardent prudemment ailleurs.

Elles veulent éviter à tout prix de donner l'impression de fixer quelqu'un, pour ne pas éveiller en lui des sentiments d'hostilité. On sait comme il est désagréable de sentir sur soi un regard appuyé. On se sent troublé, gêné, presque apeuré. Tout le monde connaît le petit jeu qui consiste à se fixer mutuellement : le premier qui baisse les yeux a perdu. Quand on vous regarde avec insistance, vous avez tendance à fuir. Une étude a montré que les automobilistes dévisagés au feu rouge redémarraient plus vivement que les autres. Dès l'enfance, on réplique : « Qu'est-ce que tu as à me regarder comme ça ! » ou : « Ne me fixe pas comme ça ! » Si l'on vous regarde fixement, c'est que l'on attend quelque chose de vous, et vous sentez confusément que ce n'est pas bon.

Regarder fixement constitue une menace : c'est le comportement des chats qui s'observent en grondant. Les êtres humains ne le ressentent pas autrement. Le faible abandonne, le plus fort reste maître du terrain. Ainsi fait-on l'économie d'un affrontement réel, du moins dans le monde animal. Un gorille mâle tuerait une femelle qui le fixerait trop longtemps.

Les femmes sont souvent regardées avec insistance. Parfois pour être admirées, plus souvent pour être jaugées ou convoitées, et c'est à juste titre qu'elles trouvent la situation désagréable, voire menaçante. En se détournant avec embarras ou en souriant, elles indiquent qu'elles se soumettent sans résistance. Elles s'étonnent que leur sourire timide ne parvienne pas à apaiser ou à éloigner d'elles cet intérêt trop marqué. Elles se sentent menacées, sans oser mettre en fuite « l'agresseur » potentiel par un regard foudroyant ou une remarque acérée. Celui qui est capable de fixer l'autre ou de soutenir son regard montre son pouvoir. Le vaincu baisse les yeux ou regarde ailleurs, espérant ainsi prévenir une action agressive ou une contrainte violente.

Mais, direz-vous, celui qui m'observe ainsi souhaite peut-être simplement entrer en contact avec moi et il cherche à me dire : tu m'intéresses, je te trouve sympathique. Il n'y a pas en effet de séparation nette entre les deux attitudes, et les regards sont rarement univoques. Pour pouvoir les interpréter correctement, il faut les associer aux autres messages corporels, aux paroles prononcées, et au contexte. Beaucoup d'hommes considèrent un regard à peine appuyé venant d'une femme comme un encouragement, une incitation à lui adresser la parole.

De grands yeux bien ouverts sont, semble-t-il, un critère de beauté chez les femmes. Cela leur donne l'air étonné et inoffensif : c'est le regard de Bambi, auquel toutes les adolescentes semblent s'entraîner. Elles contemplent le monde avec de grands yeux inexpressifs, la bouche légèrement entrouverte, et ne remarquent pas que cela leur donne l'air innocent... et stupide. On ne risque pas de faire fléchir ou fuir quelqu'un de cette façon. Pendant ce temps, les garçons s'exercent au regard « cool ». Cool signifie ici : ne rien laisser paraître de ses sentiments, savoir se dominer, ne pas donner prise. Quand on est cool, on garde son calme en toute circonstance, on n'est pas hystérique, on a la situation en main. Les hommes véritables sont cool, et les petits garçons cool s'efforcent de mériter le droit d'exercer un jour le pouvoir masculin.

Les filles montrent leurs sentiments, elles ne sont pas cool. L'impassibilité n'est pas leur fort, on lit sur leur visage ce qu'elles ressentent. « Je ne sais pas mentir et cela se voit. Je suis incapable de bluffer », voilà la description que fait d'elle une jeune femme qui prend ce trait de caractère pour une vertu, certes méritoire, mais encombrante. Elle voit bien qu'elle n'est pas prise au sérieux. En fait, ce n'est pas une qualité mais un défaut. Ce sont les chefs qui sont cool, c'est-à-dire ceux qui ont le pouvoir et décident en toute liberté quand et à qui ils veulent confier, montrer ou révéler quelque chose. Et ce sont les personnes insignifiantes et soumises qui se laissent facilement troubler, qui sont toujours prêtes à prouver leur bonne foi et à répondre en souriant dès qu'on les interroge.

Dis-moi si j'ai bien fait !

Les tests ont montré que les femmes regardaient leur interlocuteur plus souvent et plus longtemps que les hommes. Dès qu'elles sentent qu'elles le mettent mal à l'aise, ou dès qu'il pose le regard sur elles, elles détournent les yeux. Cette attitude s'explique peut-être par le fait que les femmes se laissent beaucoup guider par les réactions des autres, et y adaptent leur comportement. Si elles regardent l'autre, c'est pour mieux deviner ses attentes et ses demandes, avant même qu'elles ne soient formulées.

Comme les femmes sont, aujourd'hui encore, très dépendantes des hommes, matériellement et/ou psychologiquement, il est important pour leur bien-être psychique d'identifier au plus vite ce que l'on attend d'elles. Les femmes cherchent des points de repère sur lesquels orienter leur comportement. En maintenant un contact oculaire, elles s'assurent de ne commettre aucune bévue.

Cette forme de contact peut tout à fait constituer un signe de soumission, par exemple quand la femme faible ne quitte pas des yeux l'homme fort afin de pouvoir vérifier dans quel état d'esprit il se trouve, de manière à intervenir à temps dans un but d'apaisement, pour fuir, aligner son comportement sur le sien, ou quêter son approbation.

Combien de fois n'avez-vous pas cherché le regard de l'autre pour savoir s'il vous soutenait, ou s'il désapprouvait votre attitude ? Le regard n'est qu'une confirmation du message : « Je t'écoute. J'attache de l'importance à ce que tu dis. » Regarder quelqu'un est une réelle preuve d'attention, on manifeste à l'interlocuteur l'intérêt qu'on lui porte. Il faut cependant en faire un usage raisonnable. Les femmes ont une grande faculté d'écoute, elles ont toujours une oreille attentive aux préoccupations des autres. Elles sont compatissantes, et leur regard compréhensif est un gage de leur bonne volonté.

Les hommes ont un regard de convoitise qui signale leur volonté de possession. Les hommes dévisagent les femmes sans vergogne. Les femmes détournent furtivement les yeux. Dès que des femmes s'avisent de regarder « comme un homme », on les taxe d'allumeuses, ou d'agressives.

> Livrez-vous au petit jeu suivant :
>
> Promenez-vous en ville et regardez les passants droit dans les yeux, simplement, sans un sourire. Analysez vos sensations. Qu'éprouvez-vous ?
>
> Entrez dans un café avec une amie et passez tranquillement en revue les hommes qui s'y trouvent. Examinez-les de haut en bas en prenant votre temps. Là aussi, étudiez ce que vous ressentez et notez *leurs* réactions.

La tenue vestimentaire, symbole de soumission

Les vêtements que l'on porte renseignent sur les opinions et le statut social que l'on a. D'un seul coup d'œil, on conclut à la richesse ou à la pauvreté. On va jusqu'à en déduire le caractère, les capacités, l'intelligence. En faisant preuve d'habileté à se vêtir (ou à se travestir), on peut agir sur l'effet que l'on produit. En vérité, l'habit fait le moine, aujourd'hui plus que jamais. Lorsque les femmes partirent à l'assaut des postes de direction dans les entreprises, elles le firent dans des tenues largement inspirées du costume masculin.

Dans certaines grandes entreprises, le pantalon est proscrit pour toute femme fréquentant les bureaux de la direction, même pour y remettre un document.

Il n'y a pas si longtemps, dans telle librairie ou telle banque, les femmes étaient tenues de se présenter au travail en jupe.

Je l'ai évoqué plus haut, les vêtements féminins sont le plus souvent étroits, et donc inconfortables, et ils entravent la liberté de mouvement. Et les vêtements amples destinés aux femmes sont coupés de telle façon qu'elles s'y empêtrent facilement.

Cela commence très tôt pour les petites filles, avec les chaussures vernies, toujours aussi en vogue. En courant sur leurs semelles lisses, elles risquent fort de tomber. Elles portent d'élégantes petites jupes et de jolis pantalons. Il est donc interdit de se salir, il faut faire attention. D'ailleurs, elles devront toujours faire attention à tout, et pratiquer la retenue dans tous les domaines de l'existence. Leurs vêtements aident les futures dames à sacrifier plus facilement à cette exigence. Devenues adultes, elles ne seront quasiment plus conscientes de la contrainte à laquelle elles se soumettent.

J'aimerais ici revenir sur la notion de pouvoir, qui est la capacité à prendre des décisions et à agir. Il est un élément constitutif de la personnalité, une force intérieure dont les manifestations varient selon les individus. Pour exercer un pouvoir sur les autres et les influencer de manière positive et convaincante, il faut avoir le courage d'affirmer sa personnalité. Or, on ne développera sa personnalité qu'en se concentrant sur soi, ses désirs et ses besoins. Si vous êtes constamment préoccupée de ce que les autres peuvent penser ou dire, et de savoir si vous êtes appréciée ou non, vous ne parviendrez pas à vous construire une personnalité forte, sûre d'elle. Cela est valable aussi pour toutes celles qui essaient peut-être, par leur tenue vestimentaire ou leur attitude, de satisfaire idéalement aux exigences de la situation.

Élise, autrefois secrétaire de direction compétente, recherchait un emploi dans son pays après plusieurs années passées à l'étranger, où elle avait suivi son mari. Consciente de devoir montrer lors de l'entretien d'embauche à la fois des qualités professionnelles et un rayonnement personnel, elle avait mis son tailleur le plus chic et portait des bijoux coûteux.

Élise était sûre d'obtenir le poste en raison de sa bonne maîtrise des langues, de ses compétences professionnelles et sans doute aussi de son allure distinguée.

Elle tomba des nues en recevant, une semaine plus tard, une réponse négative.

Lorsque nous avons passé ensemble les événements en revue, il nous est bientôt apparu que son futur patron n'était pas du même milieu social qu'elle. Dès qu'elle avait pénétré dans son bureau, elle s'était rendu compte qu'il ne pouvait offrir à sa femme le luxe dont son mari la faisait profiter. Le mobilier comme ses vêtements étaient chers et de qualité, mais d'un standing largement inférieur au sien. Élise ne réalisait pas que c'était là justement la pierre d'achoppement. Elle pensait qu'il aurait dû être content de tomber sur quelqu'un comme elle. Mais le message qu'elle lui transmettait était le suivant : « Je suis au-dessus de toi. » Il fallait qu'elle comprenne que son futur patron aurait plus de pouvoir qu'elle et qu'elle se montre prête à l'accepter. Élise n'avait pas adapté son comportement à l'emploi auquel elle postulait. Il était prévisible qu'on le lui refuserait. Elle s'emporta lorsque je lui conseillai d'adopter désormais une tenue plus discrète lorsqu'elle serait convoquée à un entretien. Les femmes n'ont pas à se diminuer et à rabattre de leurs prétentions, c'était bien ce que je leur répétais toujours, et pourtant, voilà ce que j'attendais d'elle aujourd'hui ! Elle était visiblement irritée. Il ne s'agit naturellement pas pour Élise de renoncer à l'influence et au pouvoir, mais d'analyser avec lucidité les perspectives que son métier lui offre. Et d'avoir assez de recul pour reconnaître les structures hiérarchiques qui régissent sa profession. Elle pourra les remettre en cause et envisager un poste plus important quand elle aura fait la preuve de ses compétences. Mais si elle adopte une tenue vestimentaire à l'élégance trop voyante, on ne lui en donnera pas la possibilité.

LE LANGAGE DE SOUMISSION

Il y a toute une liste de mots « qu'une fille bien ne dit pas ». Voici les jalons posés pour un autre type de soumission, la soumission verbale.

La langue qu'emploient les femmes traduit une forme subtile de soumission, pas facile à cerner, difficile à ranger dans une catégorie particulière et pourtant terriblement efficace.

Il aura fallu attendre le livre de Deborah Tannen[18] paru récemment pour qu'un large public découvre à quel point le langage des hommes diffère de celui des femmes. Même si cela ne suffit pas à prouver l'humilité caractéristique du langage féminin, son analyse donne quelques indications. J'aimerais distinguer quatre aspects marquants de cette soumission verbale :

– les omissions volontaires ;
– le manque de conviction ;
– la rétractation ;
– la devinette.

Les *omissions volontaires* : c'est tout ce que les femmes renoncent à exprimer, ou qu'elles ne disent pas comme elles le ressentent.

Le *manque de conviction* englobe tout ce qui tend à faire passer une affirmation pour une question, ou à en atténuer la portée.

La *rétractation* en constitue le pendant, beaucoup de femmes ayant pour habitude de faire suivre toute demande ou affirmation d'une petite phrase apparemment anodine dont le message est en substance : J'ai sans doute tort.

Mais la forme de renoncement sûrement la plus difficile à identifier dans le langage féminin est la *devinette* : Essayez, s'il vous plaît, de lire entre les lignes ce que je veux vraiment. Les souhaits, attentes, exigences ou critiques sont tellement affaiblis qu'ils en deviennent méconnaissables.

Les omissions volontaires

Jurons, mots grossiers ou obscènes sont interdits aux petites filles sages. C'est un domaine linguistique réservé aux hommes. S'exprimer de manière vulgaire ou agressive est considéré comme une attitude peu féminine. Dans la bouche d'un homme, « putain de merde » ne soulève pas l'indignation. Si c'est une femme qui le dit, tout le monde lève la tête d'un air effaré. Les femmes n'ont pas conscience de renoncer aux mots vulgaires. Elles se laissent rarement aller à ce genre de défoulement. Pourtant, pour elles aussi ce serait parfois un bon moyen de faire tomber la pression. Les femmes garderont souvent le silence, d'abord pour éviter les conflits, et ensuite parce qu'elles préfèrent se taire plutôt que de dire n'importe quoi.

Au lieu de contredire les hommes, les femmes boudent et se retirent dans leur coin. Elles confieront peut-être à une amie ce qu'elles pensent vraiment. Au stade de la rébellion naissante, elles se moqueront des hommes en question. Mais la moquerie reste l'arme du faible. La paix est préservée, et les agressions latentes se dissipent sans causer de dégâts.

Le manque de conviction

Même lorsqu'elles sortent de leur réserve, les femmes hésitent à prendre clairement position et tentent plutôt de ménager des choix possibles. Comme elles se sentent obligées de s'en tenir à ce qu'elles ont dit une fois, elles évitent d'affirmer quelque chose. Si un homme peut justifier sa versatilité et son humeur changeante par un simple « Il n'y a que les imbéciles qui ne changent jamais d'avis », cela n'est pas possible à une femme qui risquerait sinon de passer pour une lunatique. C'est pourquoi elle privilégie les intonations et les termes nuancés et agrémente son discours de questions, même là où elle est sûre de son fait : « Tu ne crois pas ? » ou : « Est-ce que je n'ai pas raison ? »

Les femmes adoptent un style de communication visant à consolider leurs relations avec les autres, l'impératif étant de ne heurter personne. Défendre ses idées avec énergie leur paraît secondaire. Elles se fabriquent une image d'elles-mêmes qui répond à l'attente de leur conjoint, de leurs amis, de leurs parents et de leurs enfants. Elles renoncent à avoir leur propre langage, une manière de parler qui n'appartienne qu'à elles. Cette soumission verbale a des racines profondes : filles et garçons n'acquièrent pas les mêmes habitudes de langage. Les filles questionnent ou proposent, les garçons ordonnent. « On pourrait faire ceci ou cela » est une formulation de petite fille. Les garçons diront plutôt : « Je veux ! » Chez les femmes adultes, la prudence d'expression produira une phrase du genre : « Que penseriez-vous de... » ou, en plus humble : « Si personne n'a rien contre, nous pourrions... », « Si vous n'avez pas autre chose à proposer, alors... ». De telles précautions ne doivent pas surprendre, car le garçon qui clame : « Moi, je veux... » ne récoltera au plus qu'un sourire réprobateur, tandis qu'on corrigera la fille : « On dit : "J'aimerais" ou : "Est-ce que je peux..." » Voilà comment on éduque la soumission verbale.

Un professeur me décrivait ses élèves à problèmes. Il reprochait à une élève son égoïsme, simplement parce qu'elle se mettait en avant et essayait systématiquement de prendre la parole en classe. Ce comportement ne lui paraissait pas naturel chez une fille. Il disait une autre narcissique, défaut majeur à ses yeux. Le professeur trouvait déplacée l'assurance de cette élève qui écoutait tête haute critiques et réprimandes, et le sommait de s'expliquer sur ses opinions ou ses exigences. Pour lui, les filles devaient être calmes et réservées. Certaines attitudes, tolérées chez les garçons, étaient sanctionnées chez les filles. Même avant l'adolescence, les filles sont considérées comme physiquement moins robustes que les garçons, alors qu'une fille de dix ou onze ans est généralement plus grande et plus forte qu'un garçon du même âge. Ce sont donc les garçons qui, en cours de sport, sont chargés d'installer et de ranger le matériel. Les filles se sentent exclues.

Dans une classe, les filles résistèrent et montrèrent qu'elles étaient les plus fortes. Mais, au cours suivant, la tradition fut rétablie. Contre toute évidence, les garçons tenaient à faire la preuve de leur supériorité « masculine » en s'occupant du matériel. Ils empêchèrent les filles de porter même les caisses très lourdes.

La hiérarchie verbale est naturellement plus nuancée que cette présentation schématique ne le laisse supposer. Quelque part entre le manque de conviction et la rétractation se situe la technique très féminine du refus d'influencer, avec une préférence marquée pour les questions, et une aversion pour les demandes impératives. « Que pourrions-nous faire ? », « Où allons-nous ce soir ? », « Quel film as-tu envie de voir, quelle chaîne as-tu envie de regarder ? », « Qu'est-ce que je dois faire à manger ? » Cette attitude est largement répandue : je n'ai encore jamais rencontré de femme qui ait complètement renoncé à ces réflexes de langage.

La rétractation

Beaucoup de femmes s'expriment avec prudence. Elles formulent leurs affirmations de telle sorte qu'il leur soit possible de faire marche arrière à la moindre opposition. Elles font du mot *peut-être* un usage excessif : « *Peut-être* pourriez-vous m'apporter le dossier ? » « Nous pourrions *peut-être* aller à la piscine ? » « *Peut-être* auras-tu le temps aujourd'hui ? » Dans ces exemples, on pourrait supprimer *peut-être* sans attenter au sens de la phrase. Il sert uniquement à affaiblir l'énoncé pour en ôter le caractère impératif.

Il en va de même pour l'expression à vrai dire. « *À vrai dire*, je n'en ai pas envie. » « *À vrai dire*, je voulais justement rentrer à la maison. » « *À vrai dire,* j'ai déjà un rendez-vous. » « À vrai dire » est un terme antithétique car à bien y regarder, il inverse le sens de la phrase. « *À vrai dire*, je n'en ai pas envie. – Mais je vais me forcer. » « *À vrai dire*, j'ai déjà un rendez-vous. – Mais tu peux réussir à me convaincre. » « *À vrai dire*, je voulais justement rentrer à la maison. – Mais je reste. » Chaque phrase ne dit qu'une seule et même chose : « Je suis prête à me soumettre à toi, à vous. » Pratiquement plus personne aujourd'hui n'est conscient de cette inversion de sens.

En séance de thérapie, je me livre toujours à un petit jeu très instructif. Lorsque j'entends la formule « à vrai dire », je demande : « Et à dire faux ? » On peut y jouer seul, et constater que cela amène souvent à modifier son comportement.

Les femmes utilisent ces mots à double sens même dans les réunions de travail. Prenons l'exemple d'une femme qui voudrait faire une proposition. Elle y a réfléchi et prendrait mal qu'on la rejette sans l'avoir examinée. Mais elle ne se rend pas compte de l'irritation créée par son propre excès de prudence et ses précautions oratoires, dont elle n'a d'ailleurs presque plus conscience. Le double message « J'aimerais bien, mais je suis prête à renoncer » est à juste titre interprété par son interlocuteur au mieux de ses intérêts. On n'en finirait pas s'il fallait demander à chaque fois : « Qu'entendais-tu par là exactement ? Tu voulais ou tu ne voulais pas ? » Ou, pis encore, si nous attendions que notre interlocuteur devine le sens caché de nos tournures imprécises ou ambiguës.

Le temps de parole

Dans ce domaine aussi, les femmes pratiquent une grande retenue. Elles indiquent par là : « Je ne parlerai pas longtemps, je ne suis pas très importante, je n'ai pas grand-chose à dire. » Il paraît que les femmes sont bavardes et que leur occupation préférée est de papoter en prenant le thé. Pourtant, lorsqu'on observe les femmes dans une réunion de travail, on s'aperçoit qu'elles s'expriment beaucoup moins que les hommes et qu'elles gardent la parole moins longtemps.

Deborah Tannen décrit une expérience [19] portant sur la prise de parole au sein d'un groupe mixte. Bilan de l'expérience : les interventions des femmes duraient de trois à dix secondes, celles des hommes de onze à dix-sept secondes. L'intervention féminine la plus longue était d'une durée inférieure à l'intervention masculine la plus courte. Celles qui ont à l'esprit le cliché de la femme bavarde devraient méditer sur le résultat de cette enquête. Le fait que les femmes s'expriment davantage en l'absence des hommes en dit long sur leur réelle volonté d'émancipation.

Dans les séminaires que j'organise, ce sont le plus souvent les hommes qui tiennent de longs discours, se perdent en digressions, et que je dois interrompre pour revenir au sujet traité. Lors des stages de rhétorique, j'aime bien, en guise d'exercice, demander à chacun de faire l'éloge de sa personne. Cela pose moins de problèmes aux hommes qu'aux femmes. Ils éprouvent du plaisir à le faire et n'hésitent pas à en rajouter. Les femmes n'aiment pas cet exercice et choisissent un autre type d'intervention si elles en ont la possibilité. Il est, dit-on, malséant de faire l'éloge de soi. Apparemment, cela ne vaut que pour les femmes.

Nous assistons à un entretien collectif (quatre femmes, deux hommes) dans un *Assessment Center* (dont l'équivalent en français pourrait être : centre d'évaluation de soi). C'est un procédé de sélection du personnel. Au cours de discussions de groupe, chacun essaie de faire valoir ses capacités à diriger, argumenter, coopérer, etc. Ce jour-là, un homme paraissait le meneur incontesté. Pourtant, personne ne lui reconnaissait explicitement ce rôle, et deux femmes s'étaient montrées nettement plus compétentes et coopératives.

À la fin, tous s'accordèrent à dire que s'ils avaient voté, leur choix se serait porté sur l'une des deux femmes. Une participante en était sûre : « S'il n'y avait pas eu cet homme, j'aurais conduit la discussion. Je suis restée sur la réserve pour ne pas le mettre mal à l'aise. » La démarche n'est peut-être pas aussi admirable qu'il y paraît, car cette femme redoutait certainement d'entrer en conflit ouvert avec lui, elle avait peur de la confrontation qui en résulterait et craignait d'avoir le dessous. Beaucoup de femmes pensent à tort que la peur les met à l'abri du ridicule. Céder à la peur, c'est être passif et ne pas risquer de se tromper. Ce n'est pas forcément la recherche de l'équilibre ou de l'harmonie qui inspire l'abnégation féminine : la peur du conflit joue un rôle tout aussi déterminant.

Devinettes

Nadine veut aller au cinéma, mais elle demande à son ami : « Tu préfères qu'on aille au café ou au Rex ? » À lui de deviner ce qu'elle souhaite. Elle ne veut pas vraiment dissimuler ce qu'elle pense, mais exprime de manière condensée un message complexe : « J'aimerais bien aller au cinéma, mais si tu veux faire autre chose, à la limite, pourquoi pas. Cependant, cela me ferait plaisir d'aller au Rex avec toi, mais je ne t'en veux pas si tu as envie d'autre chose... » En clair : « Je me soumets à tes désirs, mais je vais être déçue. »

Lorsqu'elles s'expriment, les femmes le font souvent d'une manière floue et ambiguë qui leur permet de se dérober ou de changer d'avis. Elles mettent leur interlocuteur en demeure de découvrir ce qu'elles pensent vraiment ou ce qu'elles veulent dire.

Demander à l'interlocuteur de vous comprendre à demi-mot est un aveu de faiblesse grâce auquel il peut imposer ses vues beaucoup plus facilement – éventuellement sans même avoir noté ce que vous vouliez, et que vous n'avez pas clairement exprimé.

Faire l'idiote

Voilà un réflexe fréquent chez les femmes, qui se font aider de manière d'autant plus théâtrale qu'elles auraient pu se débrouiller seules avec un peu de bonne volonté. On rehausse ainsi le prestige du conseilleur et donneur de leçons, et dans le même temps on se soumet à ses raisonnements. C'est vrai aussi pour le travail manuel et toutes les autres tâches censées requérir une certaine force physique. Souvent, l'homme se voit ainsi conférer le rôle de professeur : il explique les phénomènes économiques, techniques et politiques. Le fait que les femmes disposent des mêmes informations ou qu'elles puissent se les procurer n'y change rien. On attend d'eux qu'ils montrent comment les choses fonctionnent et réparent la machine à laver, bien qu'ils se disent incapables de s'en servir.

Les femmes dissimulent leur savoir dans l'espoir illusoire de gagner ainsi l'affection des hommes. En choisissant de faire les idiotes, elles se soumettent à eux. Elles offrent ainsi aux hommes la possibilité de montrer leurs talents et de gagner leur reconnaissance pour une aide éventuellement inutile ou inefficace.

La soumission, lorsqu'elle prend la forme d'une prétendue ignorance ou incompétence, est néfaste au quotidien, et un redoutable piège dans la vie professionnelle.

Susciter la sympathie en se faisant passer pour plus bête que l'on est, dans l'espoir d'être un jour reconnue et d'accéder au succès, est une tentative vouée à l'échec. Quel patron offrira une promotion à une femme qui joue l'idiote ? Les individus qui réussissent sont ceux qui prennent les choses en main, règlent les difficultés eux-mêmes, et voient dans les problèmes complexes la stimulante occasion de se faire connaître et apprécier, au lieu de travailler à polir l'image du collègue.

Pourtant, même lorsque les femmes ont compris cela, elles se nuisent en accompagnant leurs actions et leurs affirmations les plus sérieuses d'un petit sourire modeste, presque un sourire d'excuse.

SOURIRE, TOUJOURS SOURIRE

Ne sommes-nous pas trahies par notre sourire ?

« J'en ai assez de ce maudit sourire ! » crie, hors d'elle, Frédérique à son image. Elle a trente-quatre ans et participe à un stage à public féminin sur le langage corporel. La vue de son visage souriant à l'écran la met dans une rage folle.

« Ce petit sourire stupide ! Voilà trente ans que je souris à tout le monde d'un air gentil, même quand on vient de me jouer un sale tour ou quand on s'est franchement mal comporté à mon égard. » Frédérique veut en finir : « C'est complètement maladif de continuer à être aimable et à garder son calme alors que l'on est en train de se faire avoir. » Jusqu'ici, montrer qu'on l'avait blessée ou contrariée passait à ses yeux pour une faiblesse. Elle serrait les dents et souriait. « Je n'ai jamais vraiment compris pourquoi, ces jours-là, j'avais mal au ventre et j'étais sûre de me retrouver le soir pleurant sur mon lit sans savoir ce qui m'arrivait. » Aujourd'hui, elle sait. « C'est ce sourire impossible, cet air de dire : je ne t'en veux pas, je t'en prie, garde-moi ton amitié. J'aurais mieux fait de crier un "merde" retentissant, de hurler, faire une scène, casser la vaisselle ou de tourner les talons et disparaître pour toujours. »

C'est le cas de beaucoup de femmes. Elles réalisent que leur sourire gentil les trahit et fait d'elles des victimes désignées. Elles ont cru à tort que c'était le seul moyen de parvenir à leurs fins ou de sortir de situations difficiles sans perdre la face. Même quand on les traite mal, elles ne se rebellent pas. La crainte inconsciente d'être rejetées les amène à sourire plus souvent qu'elles ne le voudraient. Le sourire, alors, n'exprime pas une joie véritable mais traduit l'inquiétude latente de perdre l'affection de l'entourage. Le message est : « Sois gentil avec moi, ne me fais pas de mal, ne me quitte pas ! »

> Vous imaginez-vous facilement en train de dire : « Tu peux me regarder d'un air furieux ! Ce n'est pas un drame si parfois on est en colère contre moi. » En tout cas, vous devriez être capable de le penser.

POURQUOI CE SONT PRINCIPALEMENT LES FEMMES QUI SE LAISSENT PIÉGER DE CETTE FAÇON

Il n'est pas si simple d'expliquer ce qui pousse les femmes à sourire sans en avoir vraiment envie. Mais avant d'examiner les motivations de ce sourire de supplication, je voudrais préciser mon opinion sur le sourire en général. Certaines de mes lectrices supposent ou craignent peut-être que je ne sois qu'une pessimiste grincheuse pour qui le sourire est maladif ou déplacé. Ce n'est absolument pas le cas. Au contraire, le sourire a pour moi une valeur inestimable quand il reflète une personnalité équilibrée, laisse deviner une force intérieure et exprime à sa manière : « Je suis attentif et j'ai de l'affection pour toi ! » C'est alors une attitude choisie et décidée, quelque chose de beau et de fort. Mais ce cas-là est rare. Le plus souvent, nous tombons dans le piège de la Joconde, c'est-à-dire que nous sourions sans éprouver de joie réelle. Dans les pages qui suivent, je me propose de décrire ce piège plus en détail.

POURQUOI LES FEMMES AFFICHENT-ELLES SI SOUVENT UN SOURIRE EMPRESSÉ ?

La femme a beau être l'égale de l'homme, elle n'est pas véritablement autonome. Après des siècles d'asservissement, la libération semble parfois plus formelle que réelle. Les esprits n'ont pas évolué au même rythme, et les femmes ont encore recours dans la poursuite de leurs objectifs à des manœuvres subtiles, caractéristiques des individus opprimés. Dans un cadre hiérarchique rigide, la soumission feinte peut être une stratégie payante. On fait contre mauvaise fortune bon cœur et l'on cherche à atteindre son but par des voies détournées. Flatterie, manipulation, humilité et abnégation constituent alors de bons moyens de se faire reconnaître et apprécier de l'autorité. Heureusement, les structures sociales se sont assouplies. Depuis longtemps, l'égalité des sexes est inscrite dans les Constitutions modernes. Pourtant, les femmes semblent parfois penser que ces paragraphes ne s'appliquent pas à elles, et se comportent encore comme s'il leur fallait pactiser avec ceux qui ont le pouvoir en vue d'obtenir leur protection.

Hommes et femmes sont peut-être rivaux dans certaines situations, mais pas nécessairement ennemis. Les hommes ne sont aujourd'hui que des concurrents disposant d'un léger avantage. Courage, initiative et persévérance font la différence, au jeu comme dans la vie. À moins que vous ne vous attendiez à ce qu'on vous laisse gagner quand vous jouez ? Inutile donc de continuer à vous plaindre de la méchanceté des hommes, cela n'apporte rien. Prenez plutôt le parti d'éliminer en vous toute survivance d'esprit servile. Il continue en effet de peser sur le comportement d'un grand nombre de femmes, sans qu'elles en aient réellement conscience, et d'entraver leur épanouissement personnel. C'est un obstacle à la construction d'une image de soi positive. J'ai donné à cette mentalité d'inhibition et de sacrifice de soi le nom de syndrome de la Joconde, parce que son sourire impénétrable représente pour moi le meilleur symbole de la soumission féminine.

S'il vous est déjà arrivé de contempler ce tableau au Louvre, vous aurez certainement ressenti l'infinie mélancolie de ce sourire. Il est sans doute pour une grande part dans le succès de l'œuvre. En moi, pourtant, le tableau engendre plus de malaise que d'admiration. J'ai mis du temps à comprendre ce qui provoquait cette aversion. Jusqu'à ce que je découvre dans le fameux sourire ce que j'ai eu si souvent l'occasion d'observer lors de mes séminaires : le signe évident du renoncement féminin. Il en existe une autre traduction esthétique qui m'a personnellement encore plus émue. Sans doute vous souvenez-vous du film *La Dentellière* : on y voit l'amour dévorant d'une jeune femme sensible pour un homme qui, après de longues années de passion ardente et tendre, se détourne d'elle, lui faisant perdre la raison. Elle aussi aura ce sourire tout empreint d'une illumination mélancolique, après qu'il lui a brisé le cœur.

Lors de séminaires ou de séances de thérapie, j'ai souvent eu devant moi des femmes dont le sourire présentait cette qualité particulière. Même lorsqu'elles étaient humiliées, blessées, ou maltraitées par leur partenaire, elles gardaient sur le visage un sourire désespéré. Il y demeurait lorsqu'elles parlaient d'espoir, des quelques bons moments passés ensemble, ou de l'époque heureuse qui avait marqué le début de leur relation. Ce qui rendait leur sourire désespéré, c'était aussi leur certitude de retourner avec leur ami pour peu qu'il fasse le premier pas. Beaucoup ne parviennent à faire face avec assurance à leur partenaire, ancien ou nouveau, qu'au terme d'une démarche longue et difficile. Lors d'une thérapie, il faut souvent des mois avant que ne se libère la haine sous-jacente à cette passivité.

J'ai déjà parlé de Frédérique. C'est une femme toute menue dont l'histoire cadre parfaitement avec le sourire de Monna Lisa. À dix-neuf ans, Frédérique fait la connaissance de Pierre, un ingénieur de vingt-six ans, qui lui plaît tout de suite par son allure réservée et ses bonnes manières. Elle est soulagée qu'il se montre peu pressé d'avoir des relations sexuelles, si différent en cela des autres hommes qu'elle a pu rencontrer. Ils restent fiancés trois ans, ce qui permet à Pierre d'asseoir suffisamment sa situation professionnelle pour estimer qu'*ils* sont mûrs pour le mariage. À cette époque, Frédérique a déjà perdu l'habitude de réfléchir par elle-même.

Pierre se montrait autoritaire, mais elle ne s'en offusquait pas vraiment, considérant qu'ils se complétaient bien. Elle se rangeait facilement à son avis, surtout lorsqu'il signifiait d'un regard hautain que le problème pouvait se régler par la logique, quand cela ne relevait pas de la *logique pure*, pour laquelle il était seul compétent. Pour Frédérique, cette *logique pure* finit par symboliser son inaptitude à suivre les raisonnements de son mari. Elle était heureuse d'avoir déniché un homme cultivé, et s'efforçait de retenir les arguments qu'il employait. Avec le temps, elle s'aperçut qu'il les manipulait selon ses besoins et réalisa bientôt que ses opinions à elle étaient toujours jugées illogiques ou fallacieuses. Elle en conclut qu'elle raisonnait mal. Ils eurent deux enfants bien qu'elle eût préféré un seul, et s'installèrent à la campagne alors qu'elle aurait mieux aimé rester en ville. Frédérique n'était pas expansive, et souffrit de perdre ses deux seules amies. Après le déménagement, elle ne les vit presque plus parce que son mari estimait que, même vivant à la campagne, elle n'avait pas besoin de voiture. Elle aurait volontiers recommencé à travailler mais son mari considérait qu'il était préférable pour les enfants que leur mère reste à la maison. Frédérique continuait de sourire, mais ses yeux étaient tristes.

Cependant, Frédérique n'était pas hypocrite et il y eut parfois de violentes disputes, le plus souvent à propos des enfants, car pour eux elle était prête à affronter le conservatisme de son mari. Mais c'était lui qui, la plupart du temps, avait le dernier mot.

Elle s'occupait de la maison sans faire d'histoires, et se pliait généralement aux décisions de son mari. *De toute façon, c'était lui qui rapportait l'argent à la maison*. Et elle acceptait de passer tous les ans ses vacances dans la même station de sports d'hiver, alors qu'elle en avait plus qu'assez de l'endroit.

Il y a un moment où, à force de tout supporter, le corps se rebelle. Frédérique avait souvent des douleurs d'estomac, et comme elle les subissait sans se plaindre, il fallut au bout de quelque temps l'opérer d'un ulcère. Elle choisit de le faire pendant les vacances afin de désorganiser le moins possible la vie de famille. C'est à cette époque que son mari fit la connaissance d'une autre femme, non pas plus jeune, mais plus indépendante, disposant de son propre argent et ayant ses propres centres d'intérêt. Peu après, il quitta Frédérique et les enfants.

Il lui expliqua un jour qu'il la trouvait ennuyeuse avec ses idées « petites-bourgeoises » et son éternel sourire.

Frédérique est un exemple courant de cette habitude qu'ont les femmes de se faire toutes petites et discrètes, son histoire montre assez combien il est inutile de s'accommoder de tout jusqu'à abdiquer sa personnalité. Elle n'a pas été heureuse, et sa docilité n'a pas sauvé son couple. Au contraire, cette passivité a, semble-t-il, lassé son mari. Ce qui est sûr, c'est qu'elle n'a rien gagné à toujours sourire et se soumettre. La colère qu'elle ressent contre elle-même, et dont j'ai parlé au début du chapitre, n'est que trop compréhensible. Elle pense à juste titre que sa docilité et son abnégation ont beaucoup contribué à sa détresse actuelle. Son sourire symbolise pour elle le refus d'exercer un quelconque pouvoir.

Le sourire triste, expression du sacrifice de soi dans le cas de Frédérique, peut être révélateur d'autres attitudes. Le chapitre suivant fournit un cadre permettant d'identifier et de classer différents types de comportements.

Ce renoncement insidieux évoque-t-il quelque chose pour vous ? Demandez-vous si vous-même n'avez pas tendance à vous effacer, en avançant un tas de bonnes raisons ou le respect des autres.

L'état d'esprit Monna Lisa

Il n'est pas facile de décrire avec précision le piège mental que j'ai nommé piège de la Joconde. On peut distinguer cinq comportements types. Ils seront traités dans le détail dans le paragraphe intitulé « Les pièges relationnels ». Ce sont les schémas relationnels tolérés ou créés par les femmes. En voici, en guise d'introduction, une présentation rapide :

L'attitude compréhensive. Ce piège est parfaitement illustré par la phrase suivante : « Je dois faire preuve de compréhension à l'égard des problèmes psychologiques de mon entourage. »

L'attitude secourable. Elle est marquée par le désir de mériter l'attention et l'affection des autres par l'aide qu'on leur apporte.

L'esprit de sacrifice. Les femmes se croient destinées à jouer les martyres et à se sacrifier au vrai sens du terme.

L'attitude modeste où l'on considère comme la plus haute vertu d'ignorer ses envies ou ses aspirations.

L'attitude compatissante. C'est le piège d'identification avec la victime, quand on se croit seul capable de la sauver, sans tenir compte de sa responsabilité dans cette affaire.

Avant qu'une femme ne tombe dans l'un de ces pièges relationnels, elle aura déjà trébuché plusieurs fois. En effet, il y a des conduites apparemment innocentes qui prédisposent à la chute. Les différents aspects du piège de la Joconde n'apparaîtront clairement qu'une fois définis les comportements types qui en constituent le cadre général. Ces comportements forment ce que j'appelle l'état d'esprit Monna Lisa.

J'ai cependant une autre raison de vouloir décrypter les conduites à l'origine du piège de la Joconde. En effet, plus je me suis intéressée au sujet, et plus il devenait évident pour moi que chaque femme porte en elle une parcelle d'état d'esprit Monna Lisa.

Vous aurez sans doute compris qu'il s'agit là des différents stades du même mal. L'état d'esprit Monna Lisa est la forme la plus bénigne du dévouement aux autres, alors que dans le piège de la Joconde, on a affaire à un cas grave de négation de soi. Quant au *syndrome* de la Joconde, il constitue sans doute une véritable pathologie. Mais voici d'abord les indices d'un état d'esprit Monna Lisa :

– Vous empruntez des voies détournées pour atteindre votre objectif. **(Peur du conflit)**

– Vous accordez généralement plus d'importance à ce que pensent, souhaitent ou attendent votre partenaire et votre entourage, qu'à vos désirs et objectifs personnels. Vous finissez par ne plus savoir vraiment ce qui est bon pour vous. **(Refus d'initiative)**

– Vous n'aspirez à rien tant qu'à concilier les envies des uns et des autres. **(Recherche d'harmonie)**

– Vous vous empressez de défendre les intérêts des autres avant même qu'ils ne vous en aient priée. **(Obéissance par anticipation)**

La femme qui connaît l'un ou l'autre de ces symptômes court le risque de voir évoluer l'état d'esprit Monna Lisa en piège de la Joconde. On peut supposer qu'elle agit, plus qu'elle ne le voudrait et plus qu'elle ne le pense, en contradiction avec ses désirs et ses aspirations.

Pourquoi tant de femmes se réfugient-elles dans ces automatismes comportementaux ?

Leur éducation leur a enseigné les subterfuges féminins, ces subtilités permettant de parvenir à ses fins : le battement de paupières, la retenue, le comportement maternel ou empressé. Notre société n'encourage traditionnellement pas les femmes à combattre et à affronter les autres. Elles développent une vision de leur rôle tendant à leur faire croire que leurs tactiques peuvent les mettre à l'abri des défis de l'existence.

C'est une illusion. En effet, les choses ont changé et la plupart des femmes se retrouvent aujourd'hui seules face aux exigences du quotidien. Elles n'en consacrent pas moins un temps considérable à leur apparence, au détriment de la nécessité pour elles de s'aguerrir et de s'imposer, au détriment aussi de leur formation professionnelle. Elles espèrent que la beauté et la douceur suffiront à leur ouvrir le cœur d'un homme et la perspective d'une vie facile. Mais elles nourrissent de faux espoirs. Les hommes – en tout cas l'homme d'aujourd'hui – recherchent de plus en plus des femmes qui soient des partenaires de plein droit, auxquelles ils se heurteront peut-être, mais avec qui ils pourront partager les responsabilités et la charge de gagner l'argent du ménage. Ils sont de plus en plus nombreux à pressentir qu'il est de loin préférable d'avoir pour partenaire une femme affirmée, même si cela durcit parfois les affrontements conjugaux. Si, à la lecture de ces lignes, vous décidez de changer de stratégie et de paraître forte dans le seul but de trouver un mari, vous êtes encore prisonnière de l'envie de plaire. La solution n'est pas d'être aimée et de s'attacher quelqu'un à tout prix, mais de se construire une personnalité indépendante et consciente de sa valeur.

Suis-je déjà prise au piège ?

Les femmes qui ont succombé au piège de la Joconde sont celles qui n'arrêtent pas de demander : « Que veux-*tu* ? » Elles ne peuvent s'empêcher de quêter l'approbation des autres pour la moindre décision qu'elles ont à prendre, même quand elles savent précisément ce qu'elles veulent et alors que personne ne s'y oppose vraiment. Elles demandent aux autres de décider à leur place lors même qu'elles sont les seules à pouvoir le faire. Elles cherchent désespérément qui pourrait leur ôter la dernière parcelle d'autonomie. En guise d'épilogue triste, on les verra, souriantes, remercier de son aide celui qui aura contribué à cette mise en tutelle.

Elles s'en tiennent à la règle implicite selon laquelle une décision prise sans l'accord de son conjoint ne peut être bonne.

« Que veux-*tu* ? » devient synonyme de renoncement, de repli et de manque d'affirmation de soi. Poser systématiquement cette question, c'est refuser d'être autonome. À l'inverse, s'imposer par la négociation ou au terme d'une bonne dispute avec un partenaire non moins combatif paraîtrait égoiste.

Une femme qui n'obtient pas vraiment ce qu'elle veut malgré ses crises d'hystérie mène elle aussi une existence de Joconde.

Naturellement, il y a de nombreuses femmes qui ne sont pas complètement engluées dans le piège de la Joconde, mais qui luttent pour faire accepter leur point de vue et savent se faire obéir ou reconnaître. Rares sont cependant celles qui n'en éprouvent pas de mauvaise conscience. La plupart des femmes avec qui j'ai eu l'occasion d'en discuter m'ont avoué ressentir de la mauvaise conscience, un sentiment de culpabilité ou une tension intérieure lorsqu'elles exigeaient quelque chose, persistaient dans leur opinion, réclamaient leurs droits ou faisaient preuve d'agressivité.

Les femmes qui cherchent à se débarrasser de leur réflexe de soumission sont longtemps poursuivies par des phrases de leur enfance telles que : « Tu n'as pas le droit, ça ne se fait pas, tu te fais du tort, et si les autres en faisaient autant, ce n'est pas en exigeant que tu obtiendras ce que tu veux, tu te ridiculises, tu as l'air d'une furie, ce ne sont pas des manières de femme, si tu n'es pas gentille personne ne voudra de toi. »

Les femmes ne se rendent pas compte à quel point elles se nuisent par leur comportement. Elles composent une image d'elles-mêmes qui les ravale au rang de domestiques. Quand on perd l'habitude de dire franchement ce qu'on pense, quand on cherche sans cesse à satisfaire les envies réelles ou supposées des autres, sourire ou pas, on devient une dissimulatrice.

Commencez par vous demander ce que vous voulez vraiment !

Mettez vos objectifs en tête de vos priorités !

En quoi les hommes sont-ils différents ?

On pourrait objecter que les hommes connaissent les mêmes difficultés, qu'ils peuvent subir l'oppression eux aussi. Qu'est-ce que nos opprimées souriantes ont ici de particulier ?

Il est évident que les hommes aussi se soumettent, qu'ils y sont même parfois obligés. Seulement, dans ces cas-là, on ne les voit pas sourire, mais serrer les poings dans leurs poches et afficher une mine sombre, abattue, rageuse ou arrogante.

Les hommes ne sont cependant pas fondamentalement à l'abri du syndrome de la Joconde, mais ce sont avant tout les femmes qui ont eu à souffrir des structures patriarcales de la société.

Revenons aux femmes.

Toutes celles qui renoncent en souriant à exprimer leur opinion et à poser clairement leurs exigences, celles qui espèrent obtenir par des moyens subtils ce qu'elles n'osent pas revendiquer franchement ruinent leur estime de soi. Elles fragilisent leur position sociale et retardent l'avènement de l'égalité des sexes. Il ne sert à rien de posséder sur le papier un droit dont on ne fait pas usage.

Une telle affirmation peut paraître à première vue exagérée. Comment l'abnégation des femmes pourrait-elle entraver l'égalité des sexes ?

C'est qu'on la menace de deux côtés à la fois. Il y a les hommes, qui ne veulent rien céder de leur pouvoir, et les femmes, qui ne le revendiquent pas.

Il ne suffit pas d'inscrire les droits de la femme dans la législation. Ils resteront lettre morte aussi longtemps que les femmes se plaindront de ne pas se les voir accorder *de bon gré*. Les droits n'ont de consistance réelle qu'une fois ancrés dans les esprits *et* revendiqués.

Aussi étonnant que cela puisse paraître, les femmes refusent avec la dernière énergie ce qui leur est dû. Voici une anecdote incroyable mais vraie :

La cogérante d'une petite entreprise voulait y appliquer le principe : « À travail égal, salaire égal. » Bien que cette entreprise fût considérée à juste titre comme respectueuse des droits de la femme, les conditions n'y étaient pas favorables. Cette égalité de traitement devait en effet être compensée par une nouvelle répartition du travail, les bénéfices de l'entreprise ne permettant pas de financer une augmentation pure et simple. Mais les femmes firent obstruction, affirmant que les hommes se révolteraient s'ils voyaient diminuer leur salaire. Cet argument les fit renoncer à l'égalité des sexes. Elles préféraient se résigner à leur situation actuelle : « On a toujours connu ça », et refusaient de faire valoir leurs droits auprès des hommes. Certaines se plaignirent bien de cet état de choses, mais aucune ne voulait risquer de se mettre mal avec eux. Le projet de la gérante ne rencontra pas d'écho positif.

Les syndicats n'obtiendraient jamais d'augmentations de salaire s'ils ne les revendiquaient pas et cherchaient systématiquement à éviter l'affrontement. De leur côté, les femmes ne peuvent pas s'attendre à jouer un rôle actif dans la société sans faire preuve d'exigence, d'intransigeance diront les hommes.

Les femmes ne constituent pas un lobby puissant, personne ne s'engage vraiment dans la défense de leurs droits, à commencer par elles-mêmes. J'ai l'impression que, sur cette question comme sur beaucoup d'autres, elles souffrent collectivement du syndrome de la Joconde.

> Imprégnez-vous de l'idée que, pour parvenir à ses fins, il vaut mieux jouer franc jeu plutôt que de finasser. Autorisez-vous à aller droit au but que vous vous êtes fixé.

LA MAUVAISE MANIÈRE D'ÉCHAPPER AU PIÈGE DE LA JOCONDE

Ce livre s'élève aussi contre les clichés concernant la féminité, et s'emploie à libérer les femmes de ce qu'ils renferment de négatif et qui relève souvent du piège de la Joconde. Le cliché du typiquement féminin ne donne aux femmes le choix qu'entre deux attitudes : patience et générosité ou impuissance hystérique, pleurs et lamentations. Dans les deux cas, leurs intérêts sont secondaires et leurs opinions, ignorées. Il n'est pas étonnant alors que leur point de vue, considéré comme puéril, ne soit pas pris en compte. Même dans leur vie sexuelle, elles acceptent d'être cataloguées comme « timide effarouchée » ou « sensuelle débridée ».

Je vais commencer par donner des exemples de ce qui **ne marche pas**. Si ces anecdotes éveillent en vous des souvenirs, cela vous aidera à identifier dans vos comportements passés ou présents votre part d'héritage de la Joconde.

Échec numéro 1 :

Fabienne et Jean sont mariés depuis dix ans. Ils se disputent souvent pour le motif suivant : Fabienne aimerait que son mari aille rechercher leur fille chez une amie, et en profiter pour faire un peu de ménage. Elle demande donc de sa voix la plus suave :

« Tu as eu une journée difficile aujourd'hui ?

– Non !

– Tu as envie d'aller chercher Julie chez Alice ?

– Non !

– Pendant ce temps-là, je pourrais faire du repassage.

– Non ! Vas-y, toi, c'est l'heure des actualités. Julie n'a qu'à revenir en bus. Tu la couves trop. »

Fabienne bout intérieurement, mais elle réplique sans s'énerver :

« Je trouve injuste que tu te reposes pendant que je fais tout le travail. »

Son mari ne se démonte pas :

« En tout cas, je n'irai pas la chercher, à elle de se débrouiller pour rentrer ! »

Fabienne ne s'apaise que dans la voiture. C'est un combat qu'elle perd systématiquement. Elle est en rage contre elle-même, contre son mari, et pense au divorce. Toute cette maîtrise de soi et ces efforts désespérés pour garder son calme n'ont servi à rien.

Beaucoup de femmes connaissent ces situations où, impuissantes ou en colère, elles finissent par céder.

> Vous est-il facile de vous imaginer en rage, hors de vous ? Vous autorisez-vous souvent des réactions violentes ?

Bien sûr, de nombreuses femmes ont compris depuis longtemps que leur calme et leur sourire ne les menaient pas loin. Pourtant, elles n'ont obtenu que des succès modestes.

Maintenant, la variante hystérique, où l'on essaie de s'imposer par l'agressivité. Échec numéro 2 :

Chez Édith et Gérard, mariés depuis quatre ans, les disputes conjugales se terminent toujours de la même façon : Édith pleure dans la cuisine et Gérard se réfugie au café du coin. Une fois de plus, Édith avait perdu la bataille hebdomadaire du nettoyage de la salle de bains. Le point de départ était toujours le même. Édith, fermement décidée à impliquer son mari dans les tâches ménagères, avait affûté ses arguments, avait répété, et était convaincue que ça marcherait. Elle lui faisait face dans la cuisine, il avait l'air fatigué, elle risqua le tout pour le tout :

« Il faut que nous parlions du ménage.

– Tu ne vas pas recommencer !

– C'est toujours la même chose, tu te débrouilles pour ne pas faire ta part. »

Il ne voyait déjà plus l'utilité de répondre. Il alla se chercher une bière et la regarda d'un air provocateur. Elle perdit tout son courage. À la résistance passive de son mari, elle ne trouva autre chose à opposer que la colère et les larmes d'impuissance.

« Tu n'es qu'un salaud ! » lui cria-t-elle en pleurant.

Il quitta l'appartement.

Alors que vous n'avez sans doute aucun mal à comprendre pourquoi, dans le premier exemple, Fabienne a perdu la partie, les choses sont peut-être moins évidentes avec Édith. Apparemment il n'est question ni de sourire ni de soumission. Pourtant, les deux histoires ont une base commune. Aucune des deux femmes ne croit sérieusement pouvoir amener son compagnon à participer aux tâches ménagères. Là aussi, on a affaire à des formes de renoncement passif, ce refus d'exercer le pouvoir est un aspect du piège de la Joconde. Édith ne se sent pas complètement fondée à réclamer l'aide de son mari. Elle se met en colère lorsqu'elle réalise que la discussion ne prend pas la tournure espérée, car elle voit la fatigue de son mari et succombe au piège de la compassion. Une petite voix lui dit : « Tu ne peux quand même pas lui demander ça, tu vois bien qu'il est crevé. » Elle est nettement moins compréhensive à l'égard de sa propre fatigue.

> Avez-vous du mal à prononcer cette phrase : « Je comprends que tu sois fatigué, je désire cependant... » ? Donnez-vous le droit d'exiger quelque chose des autres.

L'exemple de Mathilde montre comment se préserver efficacement contre le syndrome de la Joconde. Elle vit avec Vincent depuis huit mois et a pour philosophie de ne **jamais redouter une bonne explication, aussi vive soit-elle.**

C'est ce qui lui a permis d'amener Vincent à assurer sa part de ce ménage qu'ils détestent tous deux. Sachant exactement ce qu'elle voulait, Mathilde n'y alla pas par quatre chemins. Après une conversation à bâtons rompus à l'heure du thé, elle lui demanda presque incidemment :

« Vincent, quand comptes-tu nettoyer la salle de bains ? »

Il la regarda, surpris :

« Je n'ai jamais nettoyé une salle de bains !

– C'est bien là le problème ! Je veux que ça change !

– Il n'en est pas question ! »

Mathilde ne se laissa pas démonter : « Depuis un bon moment, cela m'agace de te voir te défiler. Je ne veux pas l'admettre plus longtemps. Ou bien nous trouvons ensemble une solution, ou bien nous devrons avoir une discussion de fond dont ni toi ni moi ne savons comment elle se terminera. »

Il ne leur avait pas fallu longtemps pour approcher le point de non-retour. Mathilde avait mûrement réfléchi, elle savait qu'à la longue elle ne supporterait pas ce rôle de domestique et que le problème se poserait un jour ou l'autre. Vincent avait l'impression qu'elle exerçait un chantage sur lui, ce qui était d'ailleurs le cas. De son côté, Mathilde savait que si elle cédait sur ce point, elle n'avait plus qu'à partir. Elle faisait face à son ami, remplie d'exaspération et de colère. Elle était profondément irritée, et pas décidée à lâcher un pouce de terrain. Vincent le sentit. Il la contemplait à la fois agacé et songeur. Au fond, il lui donnait raison, mais tenta néanmoins de la faire fléchir.

Il la flatta : « Tu fais cela mieux que moi. »

Il la menaça : « Si chacun doit être responsable de tout, on n'y arrivera pas ! »

Il remit en cause leur liaison : « Il me semble que tes sentiments pour moi ont beaucoup changé ces derniers temps. »

Il essaya la douceur, puis la colère.

Mathilde resta inébranlable. Elle avait une seule exigence, qu'elle posait sans détour : « Tu dois nettoyer la salle de bains ! » Elle commenta avec sérieux, colère ou amusement chacun des arguments qu'il avançait, mais son parti était pris. Ou bien il se débarrassait de cette fantaisie de refuser toute contribution aux tâches ménagères, ou bien c'était fini entre eux.

C'est la peur d'en arriver là qui fait reculer beaucoup de femmes. Elles refusent d'imaginer un instant la remise en cause de leur couple et deviennent par conséquent victimes de toute forme de chantage, direct ou indirect, à la séparation. À ce point de la démonstration, la plupart d'entre vous s'écrieront d'un air incrédule ou sceptique : « Comment peut-on mettre en péril son couple pour si peu ? » Malheureusement, ces petits détails qui n'ont l'air de rien acculent les femmes par glissements imperceptibles dans le rôle de perdantes. Et pour finir, ce sont toujours sur des points de détail que se heurtent les couples. Les femmes pensent souvent que la quantité d'humiliations subies est déterminante, alors que ce sont ces petites reculades ponctuelles qui les mettent en position d'infériorité.

Il se peut qu'à la lecture de ce paragraphe vous éprouviez un certain malaise et que vous pâlissiez tout d'un coup. Vous auriez préféré ignorer jusqu'où pouvait mener le désir de sortir du piège de la Joconde. Le remède est brutal, il est vrai, mais si vous aimez mieux attendre et vous accommoder, vous n'y trouverez pas votre compte.

Quand on néglige ses intérêts, quand on accepte de suivre des chemins tortueux, quand on évite toute confrontation franche, quand on ne veut pas connaître le prix à payer pour conserver sa propre estime, on n'est pas en mesure de se bâtir une solide confiance en soi. Par sa manière d'agir, on ne fait que miner et ruiner ses chances d'émancipation.

Quitter le rôle de la femme toujours souriante et tolérante parce que timorée, c'est s'engager et lutter pour la défense de ses intérêts ouvertement et sans ambiguïté.

Et mettre fin, en toute logique, à une relation dans laquelle beaucoup trop des *petits détails* si fondamentaux sont réglés à votre désavantage.

Vous n'allez pas pour autant vous métamorphoser en vieille querelleuse ou en harpie, mais devenir une personnalité à part entière.

Abandonner le sourire de la Joconde, c'est faire le choix d'une vie plus intense, plus libre, moins confortable, moins prévisible, moins tranquille, mais aussi considérablement plus palpitante, plus autonome, moins dépendante des autres, moins artificielle.

Si les femmes prennent au sérieux leur revendication d'égalité des droits, il leur faut admettre que seule une femme pleinement autonome peut y accéder. On ne peut pas être un peu égale en droits, de même qu'on ne peut pas être un peu enceinte.

Les femmes qui s'imaginent en sécurité parce qu'elles ont renoncé à affirmer leurs droits vont immanquablement se cogner à la réalité. Car elles aussi seront quittées, trompées et humiliées. Si elles étaient profondément enlisées dans le piège de la Joconde, elles se retrouveront dans une situation peu enviable, sans formation professionnelle et sans revenus personnels. Après une vie entière de *femme gentille* où elles auront avalé beaucoup, supporté plus encore, et espéré toujours, elles seront, pour (mal) finir, ébranlées au plus profond d'elles-mêmes par tant d'injustice. Elles n'avaient pourtant pas hésité à se sacrifier, supportant tout, même au lit. Et tout cela pour rien ! On les rejette, on les écarte, on les humilie. Le réveil sera douloureux.

Cela ne peut pas vous arriver ? Vous êtes sûre de votre mari, il vous remet l'intégralité de son salaire, il est aux petits soins pour vous ? C'est possible. Mais vous, continuez-vous de le supporter ? N'en avez-vous pas assez ? Et ne vous arrive-t-il pas de rêver d'un partenaire auquel vous pourriez vous confronter ? Si cela n'est pas le cas, vous êtes une exception rare.

LES PIÈGES RELATIONNELS

J'en distingue cinq :

- **L'attitude compréhensive.**
- **L'attitude secourable.**
- **L'esprit de sacrifice.**
- **L'attitude modeste.**
- **L'attitude compatissante.**

La soumission féminine peut se manifester de différentes façons. Réussir à nommer celle qui vous caractérise sera un premier pas vers l'émancipation. Il existe pour chaque piège relationnel des exemples dramatiques. Je les décrirai amplement, afin de vous faire mieux comprendre à quoi peuvent mener des comportements à première vue inoffensifs, mais à la longue préjudiciables aux femmes lorsqu'elles n'arrivent pas à s'en défaire à temps. Parallèlement, j'aimerais renforcer chez les femmes la perception de ces processus, car la vigilance est de mise. Toute femme est, à un moment donné, tentée d'abandonner ses positions en souriant.

L'attitude compréhensive

Thème récurrent, et source de tourment : « Je dois faire preuve de compréhension à l'égard de mon ami » ; « Je comprends » ; « Je l'accepte ». On dit ces phrases sans réfléchir. On tolère que quelqu'un arrive en retard, on admet une injustice. Indulgentes et généreuses, les femmes trouveront des explications même à des comportements cyniques ou brutaux dont elles doivent supporter les conséquences.

On admet des conduites intolérables. On accepte en souriant des comportements qui mériteraient d'être sévèrement critiqués et devraient donner lieu à des excuses en règle. Souvent, c'est justement la victime qui se montre clémente. Par exemple, lorsque dans le cours d'une conversation joyeuse on met en doute les capacités intellectuelles d'une femme : « Cela te dépasse, ma chérie ! » Elle sourit, au lieu de dire clairement ce qu'elle pense et de remettre son ami à sa place. On a rarement conscience de la portée d'un tel comportement.

> Vous montrez-vous souvent trop compréhensive ?
>
> Dès que vous employez le mot *comprendre*, demandez-vous :
>
> Qu'est-ce que je comprends exactement ?

Pourquoi est-ce que je le comprends ?
Jusqu'où va cette compréhension ?
Dans quelle mesure est-ce que j'approuve vraiment ce que je prétends comprendre ?

Comprenez-vous vraiment, par exemple, que votre amie vous avertisse au dernier moment qu'elle ne viendra finalement pas au concert avec vous pour ne pas contrarier son mari, le laisser seul ou lui paraître suspecte ? Beaucoup de femmes confondent compréhension et impossibilité de changer les autres, ce qui évidemment n'a rien à voir. Et même si l'on imagine facilement les raisons de tel ou tel comportement, on n'est pas obligé de tout admettre.

Comprendre, cela signifie au départ être capable de suivre un enchaînement d'idées, un raisonnement logique ou technique. On peut *comprendre* l'opposition capital-travail, ou la solution d'une équation du second degré. À côté de cela, comprendre reflète la faculté de se mettre à la place de quelqu'un : on comprend la douleur de celui qui vient de perdre un proche, le chagrin d'amour d'un copain, ou la colère de qui a subi une blessure morale. Le terme évoque aussi l'idée de tolérance. Finalement, le sens premier s'estompe derrière les sens seconds. Aujourd'hui, *comprendre* implique souvent l'idée de tolérer, se voiler la face, refuser d'intervenir. Pourtant, on peut très bien comprendre une manière d'agir sans l'approuver.

Dans bien des cas, on tolère un comportement parce qu'on n'a pas le courage de le désapprouver ouvertement. Voilà comment le terme a peu à peu perdu sa signification originelle de compréhension logique ou acoustique pour finir par symboliser l'acceptation d'un comportement qu'on réprouve, méprise ou condamne.

Comprendre peut être aussi une démarche pédagogique, une manière polie de dire qu'on n'approuve pas un comportement et qu'on espère qu'il se modifiera à l'avenir. Comprendre est alors une formule convenue : pour quelque raison que ce soit, on ne souhaite pas critiquer ou blâmer ouvertement la personne dont on incrimine le comportement. L'attitude générale et l'intonation disent assez combien on le réprouve. Les mots sont censés exprimer politesse et circonspection. Il n'y a rien à redire à cet usage du mot comprendre, et compréhension est souvent employé dans ce sens.

Il faut toutefois s'assurer que tous les interlocuteurs perçoivent les nuances et la distinction entre message verbal et message non verbal.

Cependant, *comprendre* est le plus souvent utilisé, non pas par politesse, mais par manque de courage intellectuel, et en préambule à une forme d'acquittement lâche. Le terme permet d'imputer sans examen approfondi l'acte répréhensible aux circonstances extérieures, et non à celui qui en porte la responsabilité. *Comprendre*, c'est finalement supprimer la notion de responsabilité individuelle.

On fera preuve de compréhension, même face à une grossière faute de comportement comme une attitude agressive ou brutale, parce qu'on la considère comme l'inévitable produit d'une éducation déficiente, sinon comme une fatalité. Un exemple frappant nous en est donné aujourd'hui par la manière dont on interprète fréquemment les flambées de violence d'extrême droite. « Ces jeunes sont au chômage, manipulés et sans aucune perspective d'avenir et, dans une certaine mesure, on peut comprendre leur exaspération », m'explique un professeur de trente ans. L'expression « dans une certaine mesure », censée nuancer le propos, n'en modifie en rien la portée. L'attitude qui consiste à tenter de résoudre (ou de refouler) ses propres difficultés en retournant son agressivité contre les autres devient l'inéluctable aboutissement d'une histoire personnelle. Plus personne ne demande vraiment des comptes à la brute excitée ou à ses inspirateurs.

Doit-on faire preuve de compréhension à tout prix ?

La compréhension est un terme équivoque. En examinant de près ses différentes significations, on détecte plus facilement le piège de la Joconde que j'ai nommé « l'attitude compréhensive ». Si vous comprenez que votre chef soit de mauvaise humeur, vous êtes en passe de tomber dans l'attitude compréhensive. Si vous acceptez les crises de votre mari, vous y êtes déjà.

L'attitude compréhensive peut prendre des formes variées. Les femmes ont souvent du mal à les identifier au quotidien car on leur a mis dans la tête, et cela dès l'enfance, que l'indulgence face aux autres était admirable et souhaitable chez une femme. Comprendre les faiblesses d'autrui est pratiquement devenu le symbole de la vertu féminine, même quand la femme en est la victime.

On cherche à faire passer, aux yeux des enfants en général et des filles en particulier, cette forme de compréhension pour une qualité humaine. Le rapport ne m'a jamais paru évident, et j'ai toujours eu l'impression qu'on enseignait aux petites filles et aux femmes à supporter ou à approuver indirectement l'insupportable, alors qu'il aurait fallu dire clairement : « Cela ne m'a pas plu ! », « J'ai trouvé cette remarque – ou cette attitude – méchante ! », « Tu as fait une énorme bêtise ! » Sans quoi, on finit par confondre comprendre et accepter, tolérer, pardonner.

Les femmes sont piégées à partir du moment où elles se mettent à comprendre des comportements dirigés contre elles. Tant que l'on n'est pas directement concerné, c'est par lâcheté intellectuelle ou par peur du conflit qu'on refuse d'appeler les choses par leur nom ou d'exprimer ouvertement son désaccord. Cela devient suicidaire quand on commence à admettre les méchancetés, intrigues, parfois même les violences à l'encontre de sa propre personne. Les conséquences vont de l'état de malaise persistant aux pathologies physiques et psychiques, en passant par le sentiment d'infériorité et l'angoisse profonde. Une fois engagées dans la voie du sacrifice de soi, les femmes sont prises dans un engrenage de désespoir et d'impuissance.

Dans le piège de l'attitude compréhensive, il n'y a pas directement menace physique, sinon éventuellement après de longues années de tolérance passive. Au début, les femmes ne se rendent pratiquement jamais compte du risque qu'elles courent. D'abord, la compréhension est plutôt bien vue aujourd'hui, et on utilise volontiers le terme de libéralisme dans le sens d'une tolérance excessive. Et puis, comprendre c'est compatir, une qualité que presque toutes les femmes reconnaissent et revendiquent. Cela transparaît dans des phrases comme : « Je sais écouter les autres » ou : « Je me mets facilement à la place des autres. » Ce qui signifie la plupart du temps qu'on ne trouve rien à redire à des façons de faire et de penser qui peuvent porter préjudice à des tiers.

Dès que la femme indulgente se résigne, le piège se referme sur elle, car elle fait comprendre à celui qui la tourmente : « J'abandonne toute résistance ! Je ne m'opposerai plus quand tu essaieras de me nuire. » Lorsque les femmes ne réussissent pas à sortir de cette situation, le dénouement dramatique devient inévitable. Nous connaissons tous de ces femmes vivant des liaisons complètement destructrices sans rien tenter pour s'en libérer. Elles resteront jusqu'à l'issue tragique.

Au début, le piège n'est pas identifiable. Éliane, juriste, avait épousé un avocat exerçant à son compte. Elle imaginait un avenir radieux, un cabinet à deux, chacun possédant un vaste bureau et discutant avec l'autre de questions juridiques, ou profitant avec lui de chaque petite minute de temps libre. Les choses se passèrent tout autrement. Gilbert, le mari d'Éliane, lui interdit de plaider, croyant qu'elle ne possédait ni le charisme ni la force de persuasion nécessaire. Éliane géra donc les dossiers, ce qu'elle savait faire mieux que lui : elle avait obtenu à l'examen des résultats bien supérieurs aux siens et passé l'oral avec brio. Éliane comprit et excusa l'attitude de son mari : Gilbert devait se faire un nom, et cette répartition des tâches lui convenait. C'était elle qui trouvait les arguments juridiques pertinents et imparables, et lui qui les présentait devant le tribunal et récoltait les lauriers.

Il s'en remettait aussi à Éliane pour la gestion du cabinet : elle rédigeait les mémoires, établissait les factures et fixait les rendez-vous. Pendant ce temps-là, lui s'occupait des contacts avec la clientèle, c'est-à-dire qu'il s'installait au café et lisait le journal. Tout le monde le savait, même Éliane, mais elle était compréhensive. Elle avait évidemment tort de se laisser humilier ainsi. Pourtant, les choses ne se dégradèrent vraiment que lorsque Gilbert se mit à lui envoyer des piques à propos de son travail de secrétaire. On avait soudain l'impression qu'elle n'était pas capable d'autre chose, et ne devait qu'à la générosité de son mari de pouvoir travailler avec lui. Les clients ne la connaissaient pas, et insistaient pour être défendus par Gilbert. Ils ignoraient comment le cabinet fonctionnait réellement, et le fait qu'Éliane était aussi avocate. Elle-même finit par ne plus y voir clair. Elle souffrait terriblement de cette situation fausse et commit des erreurs dans son travail, ce qui ne fit qu'accroître son malaise. Mais elle n'osait rien dire contre son mari. Pourtant, lorsqu'il se mit à lui donner des gifles pour une faute d'orthographe, elle sortit enfin de sa passivité et le quitta. Elle est aujourd'hui divorcée, et associée dans un cabinet connu.

Pour tous les amis d'Éliane, il était clair qu'elle n'aurait pas dû se montrer aussi compréhensive à l'égard de son mari. Ce sont sûrement les conversations qu'elles a eues avec eux qui l'ont aidée à franchir le pas, tardivement mais définitivement.

Malheureusement, l'attitude compréhensive nous guette même dans des situations apparemment anodines. Lorsqu'une femme accepte par exemple qu'un mari coléreux s'emporte ou récrimine, sans s'excuser ensuite d'une façon ou d'une autre, elle tombe dans l'attitude compréhensive.

Attention : ce n'est pas le fait de s'emporter qui est grave ici, et personne n'est à l'abri d'un débordement. Cela devient problématique s'il n'est pas suivi d'excuses.

On ne rachète pas un comportement brutal par des excuses de pure forme.

Vous est-il arrivé de vous excuser pour votre comportement ? C'est bon signe, vous n'allez pas tomber de sitôt dans le piège de la Joconde.

Celui qui parvient à se maîtriser en toute circonstance, et qui en est fier, refuse peut-être de s'avouer sa peur des conséquences d'un éclat. Exploser de temps en temps n'est pas une catastrophe en soi, à condition d'être capable de s'en excuser. C'est normalement le ton employé qui est en cause, et on ne devrait pas être amené à retirer ses propos.

Lorsqu'on s'est mal comporté, il n'est pas forcément nécessaire de faire des excuses en règle ou de les présenter de manière solennelle, mais elles n'en doivent pas moins être authentiques et perçues comme telles par les personnes concernées. Si un bouquet de fleurs vous paraît une excuse suffisante tandis que votre mari ou ami n'y voit qu'un moyen de se dédouaner à bon compte, vous ne serez pas plus avancée. Cela équivaudrait à acheter votre indulgence avec des fleurs, ce serait une mauvaise affaire pour vous.

Il existe une forme apparemment inoffensive mais fondamentalement grave de l'attitude compréhensive dans certains couples extérieurement sans histoires. Rarement est soulevé le voile épais des petits arrangements mutuels. Mais parfois il se déchire, jetant une lumière crue sur le vilain masque de l'hostilité latente. Le comportement dérape sous l'influence de l'alcool, du stress, du manque de sommeil, des problèmes avec les enfants, d'une dispute avec les parents ou les beaux-parents. On voit s'ouvrir des abîmes insoupçonnés. Une haine mutuelle, profonde et secrète, apparaît au grand jour. Si vous avez déjà vécu des situations semblables et constaté qu'on s'en prenait à vous brutalement, avec virulence ou grossièreté, sans s'en excuser ensuite et sans vous montrer combien on regrettait de s'être ainsi laissé aller, alors il ne s'agit pas d'une gaffe malencontreuse et vous êtes enlisée dans le piège de l'attitude compréhensive. Tous les clignotants doivent se mettre au rouge quand vous vous entendez prononcer des phrases comme : « Il est comme ça », « Il n'y peut rien », « Il ne pense pas ce qu'il dit », « Quand il a bu, c'est un autre homme », « Il a un bon fond ».

Quand les femmes s'aperçoivent qu'elles cherchent toujours à expliquer ou à excuser l'inexcusable, elles sont en plein piège de la Joconde. C'est encore plus grave si elles ne voient d'issue que dans une infinie patience. Il leur sera d'autant plus difficile de s'en sortir que, en répondant par l'indulgence aux attaques dont elles sont la cible, elles envoient à leur contradicteur le message implicite suivant : « Je l'ai mérité, je suis moi-même responsable de mon malheur et de la manière dont tu me traites. » L'adversaire voit donc sa conduite justifiée indirectement. Il a encore moins de scrupules à s'en prendre à sa victime et à la blesser moralement, ou même physiquement, car il s'estime en droit de le faire. L'agressée autorise inconsciemment le comportement de l'agresseur.

Dans ce contexte il y a rarement violence physique, sinon peut-être au cours d'une dispute. Dans le piège de l'attitude compréhensive, on assiste le plus souvent à des agressions morales, auxquelles répond un comportement d'attente et d'espoir de voir l'agresseur revenir à de meilleurs sentiments. Les violences comme partie intégrante d'un piège comportemental apparaîtront surtout dans l'attitude de sacrifice de soi.

L'attitude secourable

Cette fois, le motif de tourment est le suivant : « En l'aidant, je gagnerai son attention et son affection. »

La plupart du temps, l'attitude secourable n'est que le renforcement de l'attitude compréhensive. Elle met en jeu des considérations faussement altruistes. Les âmes secourables veulent ramener dans le droit chemin les brebis égarées, les préserver d'un naufrage réel ou imaginaire, et les sauver du désastre auquel elles courent.

Ce qui donne à l'attitude secourable sa touche particulière, c'est le potentiel d'agressivité souvent impressionnant qu'elle renferme. Celles qui s'y adonnent sont capables de se décharger sur leur protégé de grandes frustrations et de violents reproches, elles peuvent lui dépeindre ses malheurs de la façon la plus dramatique qui soit. Souvent, elles éprouvent une certaine jouissance à lui décrire comment il (ou elle) en est arrivé(e) là : leur mine est soucieuse, mais un sourire, discret ou triomphant, flotte sur leur visage.

Il y a une chose que les âmes secourables ne font jamais : tirer un trait une fois pour toutes. Elles ne permettent pas à celui qui a trébuché de repartir du bon pied. Jamais il n'y arrivera. La personne secourable est une pièce du dispositif pathologique mais elle s'en défend vigoureusement. Elle contribue à le maintenir en place, le tolère et parfois même utilise la détresse de l'autre pour renforcer le sentiment de sa propre valeur. Elle est en quelque sorte une alliée objective de son malheur. Sa voix se fera lourde de reproches, tempérée cependant par des marques de tendresse, et le message final sera : « Je t'accepte, et j'accepte ton comportement néfaste. »

L'exemple classique de ce piège comportemental est le conjoint de la personne alcoolo-dépendante. L'alcoolisme est une maladie psychique très grave, et je ne veux en aucun cas discréditer l'entourage des personnes dépendantes d'une drogue quelle qu'elle soit, mais souvent, et en particulier dans les cas d'alcoolisme mondain (difficilement identifiable parce que le malade prend grand soin de cacher son besoin régulier d'alcool), l'entourage veut ignorer l'autodestruction rampante du buveur. On l'accepte et on le soutient en lui procurant les alibis dont il a besoin. Face au médecin de famille, aux parents proches, souvent même face au buveur et à soi-même, on nie l'ampleur du mal. Si le buveur n'était pas dépendant, il n'accepterait pas cette aide avec autant de gratitude, et ne s'en servirait pas pour se dissimuler la gravité de son problème.

Ce qui nous intéresse ici, ce sont les motivations de la personne secourable. Que lui apporte son attitude de refus ? De toute évidence, le maintien de sa crédibilité sociale : personne n'avoue facilement que l'un de ses proches est alcoolique. S'y ajoute la difficulté à reconnaître que son propre conjoint est dépendant. C'est à ce stade qu'apparaît le syndrome de la Joconde, la plupart des personnes secourables se sentant impuissantes face à celui qui boit. Personne ne sait vraiment quelle attitude adopter devant les multiples mensonges, manipulations, promesses répétées et tentatives avortées de désintoxication d'un alcoolique. L'attitude secourable permet de se mentir à soi-même. La peur d'agir fait oublier la crainte des conséquences du mal. Le sourire d'impuissance reflète aussi la honte de celui qui vient au secours de l'alcoolique tout en sachant que lui-même a besoin d'être aidé, pour trouver le courage de faire les démarches et prendre les décisions nécessaires.

Pièges quotidiens de l'attitude secourable

La maladie de porter secours aux autres existe naturellement sous une forme bénigne : quand par exemple on veut à tout prix ramener quelqu'un dans le droit chemin, en feignant d'ignorer le profit caché qu'on en tire. Au fond de soi-même, on jouit de sa supériorité et de l'état de dépendance de sa victime. Cette variante atténuée est présente chez les conjoints de fumeurs ou de personnes souffrant d'obésité ou d'angoisse. Eux-mêmes ont, du moins en apparence, la situation en main et font preuve de tolérance face au petit problème de leur partenaire. L'épouse d'un homme que sa mère a longtemps couvé, et qui n'entreprend de le libérer de l'emprise maternelle que pour recréer avec lui le même type de relation, en est un bon exemple.

Activistes et pantouflards

Un peu plus bas dans la hiérarchie des attitudes secourables, on trouve les femmes d'alpinistes passionnés, de sportifs invétérés, de globe-trotters impénitents. Pour leur permettre de se réaliser pleinement, elles tirent un trait sur leurs propres ambitions. Avec beaucoup de sollicitude, l'âme secourable accepte, soutient et compense le désir de fuite de l'activiste.

Mais l'attitude secourable est également au rendez-vous face au conjoint angoissé ou misanthrope. Là aussi, il peut être gratifiant de renoncer à avoir une existence propre : l'âme secourable console ou se querelle avec le conjoint insociable sur le triste sort qui est le leur. Face aux angoissés, il suffit de réactiver le rôle de la mère et de s'y tenir. La femme, telle une mère, fera tout pour supprimer les obstacles que génère l'angoisse.

Dans aucune de ces deux situations l'attitude du partenaire n'est remise en cause.

En voici deux exemples :

Le *joueur de badminton*. Il ne vivait que pour le sport, participait à des tournois et jouait dans la première équipe de son club. Il faisait du jogging pour entretenir sa condition physique, s'entraînait à son club deux fois par semaine, et donnait des cours de surcroît. Quand il rencontrait des amis, la discussion tournait autour du sport, on parlait de nouvelles chaussures, de volants d'un type nouveau, de raquettes, de tamis, des adversaires, de la forme du moment, du classement, etc. On ne pouvait pratiquement pas aborder d'autre sujet. Malheureusement, sa femme ne s'intéressait pas vraiment au sport, mais elle s'évertuait à faciliter ce qui comptait tant pour LUI. Elle ne lui demandait pas de l'aider aux tâches ménagères ni de lui consacrer du temps, et n'avait aucune exigence concernant ses *propres* besoins : « Quand il était heureux, elle l'était aussi. » Peut-être était-elle fière de lui, et jouissait par procuration de son engagement et de son épanouissement dans le sport. On ne le sut jamais vraiment. Elle était toujours là, souriante, s'occupant des repas et veillant à ce que ne manquent ni les boissons, ni le linge frais. Je n'ai jamais bien appréhendé cette femme secourable. Apparemment, *elle* n'avait aucun centre d'intérêt.

Le *jardinier*. Il passait 90 p. 100 de son temps libre dans la serre. Il gagnait bien sa vie et possédait une grande maison avec une serre impressionnante et un jardin qui ne l'était pas moins. Sa femme en appréciait l'arrangement parfait, c'était effectivement un vrai plaisir pour l'œil. Elle n'avait pas, cependant, de réel penchant pour les plantes. Elle préférait donc rester seule à lire des romans, quand elle n'allait pas acheter pour lui du matériel de jardinage, armée de la longue liste qu'il avait établie. Il trouvait agaçant de devoir négocier avec les vendeurs, commander ou poser des questions, et surtout de prendre la voiture. ELLE disait toujours : « Il en a besoin et ça me fait plaisir de l'aider. » Elle adorait aller au théâtre, mais il n'acceptait guère de l'accompagner plus d'une fois par an, et elle n'avait pas envie d'y aller seule. Ils recevaient peu, car s'il aimait à faire admirer la magnificence de son jardin et parler de ses plantes, il ne souhaitait pas qu'on s'attarde. Il trouvait bizarre de discuter de tout et de rien, s'ennuyait rapidement et ne savait pas quoi dire. ELLE n'avait aucune passion et s'employait avec sollicitude à favoriser l'épanouissement de son mari à travers son passe-temps favori.

Les deux histoires se ressemblent. Les deux femmes ont à ce point intériorisé le sacrifice de leurs propres intérêts que cela ne suscite plus aucun conflit.

L'esprit de sacrifice

Autre source de tourment : « C'est mon destin de me sacrifier pour le bonheur de l'autre. »

Il y a quelques années, des psychologues ont tenté de savoir pourquoi certains individus étaient, plus fréquemment que d'autres, victimes d'actes de violence. Il n'est pas facile d'analyser de manière objective le rôle joué par la victime dans la violence qui s'exerce contre elle, et des voix s'élevèrent pour dire qu'on cherchait à rendre la personne attaquée partiellement responsable du dommage subi. On admettait difficilement l'existence d'une complicité subjective de la victime. Le coupable, et lui seul, devait porter le poids de la faute. La discussion passa à côté de son objet véritable et les femmes en déduisirent simplement qu'elles devaient porter moins de minijupes et se maquiller plus discrètement. La discussion se concentra sur un aspect secondaire de ce que l'on nomme la victimologie. Or ce que l'étude avait mis en évidence, c'est que justement cette apparence-là ne prédisposait pas au rôle de victime. Les personnes qui, par hasard semblait-il, s'étaient fait voler plusieurs fois leur sac à main, les femmes plusieurs fois violées, étaient souvent des personnalités effacées, timides ou hésitantes.

Lorsqu'on est victime de violences ou d'agression, on a évidemment beaucoup de mal à accepter l'idée d'une quelconque implication personnelle dans l'événement. Il est à cet égard tout à fait symptomatique que justement les personnes enclines à jouer à leur insu le rôle de victimes adoptent une attitude coupable, inquiète, ou impuissante, lorsqu'on essaie de leur en faire prendre conscience. En résumé, la probabilité d'être victime d'un acte de violence est d'autant plus forte que l'on donne par son allure et ses gestes l'impression d'être anxieux et désarmé, et que l'on *s'y attend* plus ou moins.

Écoutons Hélène, trente-quatre ans, employée de bureau : « C'est toujours à moi que cela arrive : on me reproche d'avoir détérioré par une mauvaise manipulation une coûteuse machine à imprimer les adresses, ou bien l'on m'accuse de faire circuler des rumeurs dans l'entreprise alors que je me tiens le plus possible à l'écart des autres. Quant à mon mari, il me rend responsable des difficultés que connaît notre couple. Ce qui me trouble le plus, c'est que j'ai plus ou moins l'impression qu'ils n'ont pas complètement tort. »

On peut allonger la liste en ajoutant les problèmes des enfants, la baisse de libido du partenaire ou la perte de son emploi. Certaines femmes se sentent constamment coupables de quelque chose. Hélène m'expliqua en sanglotant combien elle souffrait et semblait comme par magie attirer sur elle des accusations de toutes sortes, qu'elle avait bien du mal à réfuter. Elle était convaincue d'avoir effectivement fait une erreur dans le maniement de la machine, alors que rien ne le prouvait. Après une dispute familiale lui revenaient en mémoire tous les griefs qu'elle nourrissait contre son oncle. Elle ne retenait que ce qui l'incriminait elle, apportant de l'eau au moulin de ses détracteurs. Le fait qu'elle dut, à la suite d'un accident de voiture qu'elle n'avait pas causé, avoir recours à un avocat pour prouver son innocence, est à cet égard tout à fait révélateur. Elle s'était emmêlée dans un tissu d'auto-accusations. Apparemment, le manque de confiance en soi, avec son pendant de sempiternels sentiments de culpabilité, exerce sur le malheur une attraction magique.

Se sacrifier pour les autres ?

Non contentes de se sentir prédestinées au sacrifice, les femmes ont recours à une autre méthode d'autodestruction : elles surenchérissent sur leur attitude de victimes, visant une forme de perfection. Elles sont totalement dévouées à leur famille, à leur mari, à leur patron, à leurs collègues, sans que personne ne leur en sache gré. Quoi que ces femmes aient pu sacrifier pour eux, ils le considèrent comme allant de soi. Et ils sont largement fondés à le faire, n'ayant jamais sérieusement exigé d'elles qu'elles se mettent spontanément au service des autres en toute circonstance. Ce sont elles qui s'occupent de la tante malade, elles qui tous les soirs accumulent les heures supplémentaires sans se plaindre, elles qui emmènent la voiture au garage alors que mari et fils s'ennuient devant la télé ou ailleurs.

Ce n'est pas sans lutte intérieure que ces candidates au sacrifice se tourmentent ainsi, et elles tombent souvent malades. Elles souffrent de la tâche qu'elles se sont imposée, mais l'exécutent sans se plaindre. Tout au plus leur visage trahira-t-il l'effort et la violence qu'elles se font pour y parvenir. Si, à ces moments-là, on surprend l'expression de leur visage, elles s'obligent à sourire, quoi qu'il leur en coûte.

Souffrir est-il devenu le but de leur existence ?

On a bien l'impression qu'elles le ressentent ainsi. Leur propre souffrance devient la garantie du bonheur des autres et de leur bienveillance. L'âme dévouée ne s'est-elle pas fixé comme but le bien-être de son entourage ?

Notre image de la mère est souvent entachée de ce genre de considérations : l'essentiel, c'est que la famille se porte bien ; l'essentiel, c'est que les enfants soient heureux ; l'essentiel, c'est qu'on ne puisse rien nous reprocher. Cette manière de voir a des aspects nettement masochistes. En espérant acheter par leurs souffrances le bonheur de leur famille, ces femmes-là concluent un pacte avec le diable. Souvent, leur objectif reste flou malgré tout, et seul le mot d'ordre demeure : « Je dois m'escrimer, me sacrifier, renoncer et me mettre en retrait. » J'ai parfois l'impression que les femmes ne savent même plus pourquoi elles se sacrifient, c'est devenu un but en soi. Elles créent ainsi un cycle infernal dans lequel elles s'enferment. Elles ne vivent plus que pour souffrir, état d'esprit qui va souvent de pair avec la croyance en Dieu ou au destin. Elles ne sont cependant pas animées par une véritable piété, car celle-ci est une autre forme d'exigence. Dans le chapitre qui traite de l'*impuissance acquise*, j'ai décrit les conditions de vie, dans l'enfance et la jeunesse, favorables à la mise en place du piège de la Joconde. Le sacrifice de soi porte essentiellement la marque de l'impuissance acquise.

Les femmes dont il est question ici sont souvent enchaînées à des partenaires qui, de leur côté, considèrent comme normal qu'on se sacrifie pour eux, et qui se reposent sur le dévouement inconditionnel de leur femme ou compagne. Il y a parmi elles les victimes de violences masculines, des femmes convaincues de ne pas pouvoir attendre autre chose d'une liaison que de nouvelles violences, et qui pourtant ne parviennent pas à sauter le pas et à partir.

Léa avait un mari coléreux et sans doute malade psychique. Il ne lui faisait subir aucune violence physique mais il était capable de se lamenter plusieurs heures d'affilée sur le monde, leur couple ou son malheur. Cela se transformait rapidement en une litanie qu'il débitait sur un ton uniformément agressif, avec de temps en temps un accès de rage. Il se débrouillait toujours pour que sa femme puisse l'entendre, la suivant de pièce en pièce en la harcelant de ses discours. Lorsqu'elle répliquait, il criait plus fort et se mettait à gesticuler. Cela durait souvent deux ou trois heures, après lesquelles il se jetait sur son lit, épuisé, et s'endormait. Léa ne trouvait pas cette attitude franchement anormale, et d'ailleurs elle ne se posait pas la question. Elle ne se demandait pas non plus si elle devait supporter encore longtemps qu'il la tourmente ainsi. « C'est mon mari ! » répondait-elle à ceux qui doutaient que la docilité soit la réaction la plus appropriée.

Autre exemple : comme son mari veut absolument ouvrir un magasin d'informatique, une jeune femme a mis à sa disposition tout l'héritage qui lui vient de ses parents, bien qu'elle ait conscience du caractère irréaliste de sa conception de l'argent vite gagné (« Je n'aurai plus alors qu'à passer une fois par jour empocher les recettes. »). Elle ne pouvait lui refuser. Il avait déjà eu de sérieuses difficultés dans son travail, et des relations houleuses tant avec ses chefs qu'avec ses collègues. Quand les choses ne lui convenaient pas, il réagissait par des attaques verbales déplacées. Il ne s'en sortait du reste jamais avec son seul salaire. Il pensa que s'offrait enfin la chance de sa vie et, malgré ses réticences, ELLE jugea n'avoir pas le droit de l'en priver. Elle savait parfaitement que son projet n'était pas réalisable. Elle perdit tout son héritage et dut s'estimer heureuse de ne pas finir endettée.

Formes tempérées du sacrifice de soi

Vous considérez que ces deux exemples sont des cas exceptionnels d'hypertrophie du sens du sacrifice ? Peut-être ! Pourtant, je rencontre tous les jours des manifestations de cet état d'esprit.

Ce sera la fille de vingt-deux ans refusant de laisser tomber celui qui a vidé son compte-épargne, ou la femme de trente-huit ans qui rapporte chez la maîtresse de son mari le rasoir de celui-ci ; la jeune femme de vingt-huit ans qui verse la totalité de son salaire sur le compte de son mari au chômage et endetté, ou la grand-mère qui, pour pouvoir redistribuer un tiers de sa retraite à ses enfants, doit renoncer à se chauffer convenablement, et à qui l'on ne rend pourtant pas souvent visite. Ce sera la femme qui encourage son mari surmené à faire seul le voyage en Amérique du Sud, parce qu'ils ne peuvent se permettre d'y aller à deux. Ou celle qui tolère la passion de son mari pour les motos coûteuses, mais qui est elle-même obligée de faire à vélo le trajet long et dangereux qui la sépare de son lieu de travail.

Mais il y a aussi de l'abnégation chez les femmes qui accompagnent leur mari au cinéma alors que le film ne les intéresse absolument pas, ou qui acceptent qu'il consacre à son activité favorite un tiers des revenus du ménage. Sans parler de celles qui prennent quelques heures de ménage en plus de leur travail parce que leur mari a des dettes de jeu, ou de celles encore qui leur pardonnent les 3 500 francs dépensés avec les copains, sans même savoir où avait lieu la soirée.

Les exemples abondent et j'entends souvent dire, en guise de justification ou d'excuse : « Mais ce n'est pas si grave » ; « Les hommes ont besoin de ça » ; « Il est comme ça. Je ne peux pas le changer. Est-ce une raison pour le quitter ? » Autant de signes d'impuissance et de sacrifice de soi, de refus d'agir sur l'autre et d'acceptation du rôle de victime.

Caractéristique de cette attitude est l'empressement à faciliter la vie de l'entourage sans attendre d'y être priée. Lire dans les yeux de l'autre ce qu'il souhaite, ce dont il a besoin, ce qui lui ferait plaisir. Les femmes pratiquent avec modestie et humilité cet art « divinatoire » qu'on leur a inculqué. Elles renoncent et se sacrifient, comme s'il n'y avait rien de plus beau au monde.

L'attitude modeste

Autre refrain source de chagrin : « C'est une magnifique qualité de savoir faire passer les intérêts et exigences des autres avant les siens propres. »

La modestie est vertu fort belle, mais le succès n'a pas besoin d'elle, dit-on souvent en manière de plaisanterie pour commenter l'absence de scrupules de l'arriviste, la grossière arrogance, ou l'amabilité calculée du commerçant en train d'embobiner son client. La victime de la tromperie elle-même sourit de l'habileté de l'adversaire.

L'éloge ironique du cynisme, accompagné d'un clin d'œil et d'une tape sur l'épaule, est un privilège masculin ; pour les femmes, la modestie reste de mise. L'objectif avoué est d'être insurpassable en générosité. L'oubli de soi devient l'indice de perfection féminine.

La modestie a des origines diverses, mais elle est quasiment toujours liée au manque de confiance en soi, à l'espoir d'une récompense ici-bas ou dans l'au-delà, à la peur des conflits et, pour finir, au besoin de protection et de considération.

C'est pour de nombreuses femmes un moyen pratique de dissimuler leurs doutes concernant leurs compétences réelles ou leur capacité à affronter l'existence. Par leur soumission discrète et respectueuse, elles espèrent se mettre à l'abri des attaques et critiques de leurs collègues ou de leur partenaire.

Quelques exemples de fausse modestie :

Nicole avait un ami plus âgé qu'elle, mais pour différentes raisons, ils ne voulaient ni ne pouvaient se marier. Il la pressa donc à plusieurs reprises d'accepter de souscrire en son nom une assurance-vie qui rapporterait à Nicole un petit revenu après la mort de son ami. Si *elle* signait le contrat, cela présentait un avantage fiscal conséquent en supprimant l'impôt sur la succession. Il était conseiller fiscal et savait de quoi il parlait. Naturellement, c'était LUI qui paierait les mensualités. Il la pria plusieurs fois de contracter cette assurance. Nicole était émue de tant de sollicitude, mais elle ne voulait pas accepter un tel cadeau. Et c'est évidemment avec son plus joli sourire qu'elle repoussait à chaque fois l'offre de son ami : c'était trop, elle voulait simplement être heureuse avec lui, il n'était pas question pour elle d'accepter son geste.

J'aurais sans doute oublié cet épisode si l'histoire d'amour ne s'était terminée de façon tragique. Son ami mourut brutalement d'une attaque cérébrale. Elle dut quitter leur appartement et, bien que déchirée par la douleur, n'eut pas d'autre choix que de retravailler au bout de quatre semaines. « Une pause de six mois m'aurait permis de retrouver ma sérénité et aurait facilité les adieux que nous nous devions l'un à l'autre. Mais je n'ai pas pu financièrement me le permettre. J'aurais dû accepter sa proposition, cet argent m'aurait été bien utile pendant ces six mois-là. »

Fausse modestie

L'exemple d'Elena est moins dramatique. Elle travaillait dans une maison de retraite pour personnes âgées dépendantes. Elle aimait ce qu'elle faisait. Elle avait des talents d'organisatrice et l'art de communiquer, tant avec les collègues qu'avec les patients. L'association qui dirigeait l'établissement lui proposa la direction d'un service. Elle demanda un délai de réflexion et finit par refuser cette fonction à laquelle postulait également un collègue plus âgé. Elle savait qu'en refusant ce poste elle en ferait profiter le collègue en question. Elle trouvait injuste de lui passer devant. En souriant, elle évoquait devant moi son sens aigu de l'équité. Pour ma part, j'y vois une fausse modestie car il est bien évident qu'en acceptant un emploi, je lèse presque nécessairement quelqu'un, que je le connaisse ou non.

Autre exemple. Claire a un bébé d'un an. Son congé de maternité se termine. Elle ne sait trop que faire car son entreprise n'est pas disposée à lui garder son poste plus longtemps. Si elle ne reprend pas le travail dans les trois mois qui viennent, on embauchera quelqu'un d'autre. Son mari a bien compris le problème et, après quelques hésitations, il lui propose de prendre lui-même une année de congé parental. La décision n'a pas été facile, il craint les moqueries de ses collègues, mais il en fait aussi une sorte de défi. Comme il est fonctionnaire, sa hiérarchie ne lui ferait aucune difficulté et sa demande serait acceptée. Mais Claire n'arrive pas à se décider, elle ne veut pas qu'il se sacrifie. Après avoir longtemps hésité, elle préfère abandonner son poste plutôt que d'accepter la proposition de son mari : « Je ne peux pas exiger cela de lui. Il ne supportera pas d'être la cible des plaisanteries de ses collègues, de rester toute la journée à la maison et de tenir compagnie aux autres mères autour du bac à sable. » Mais ce n'étaient là que de mauvais prétextes. Son mari avait depuis longtemps pris sa décision.

Claire aussi est victime de sa modestie. Au fond, elle n'arrive pas à se faire à l'idée que son mari soit, à cause d'elle, contraint d'endurer les coups d'œil et les allusions des collègues, tout cela parce qu'elle jugerait préférable de reprendre son activité professionnelle. Pourtant, elle aime son travail et aurait retrouvé avec plaisir son bureau au service de contrôle des matériaux. Sa fausse modestie lui a fait prendre une décision fort contestable.

La fausse modestie n'est pas fréquente au sein du couple, même si on l'y trouve parfois comme le montre l'exemple que je viens de citer. On la rencontre davantage au travail, dans les relations avec les collègues, les amis ou les connaissances.

La fausse modestie est insidieuse : elle est à l'œuvre lorsque l'on s'attache à diminuer la portée d'un compliment sur la qualité du travail que l'on a fourni. On impute alors sa réussite au hasard ou à la contribution des autres, tout en souriant d'un air gentil et gêné. De même, la collaboratrice qui diffère sans cesse un changement d'emploi vers un domaine nouveau pour elle et prometteur, simplement parce que son patron a besoin d'elle, est doublement piégée. En adoptant une *attitude modeste et secourable*, on commet deux erreurs d'un coup.

« Petite je suis, pur est mon esprit. Force et puissance n'entreront pas ici », rima de manière un peu provocatrice une femme en rupture de modestie. Le pire dans le piège de la modestie, disait-elle, c'est l'intime conviction d'être trop bête pour avoir le droit de poser ses conditions.

Il y a beaucoup de vrai là-dedans. Les personnes modestes ont beau nous faire croire qu'elles sont mues par un idéal élevé d'amour du prochain, j'ai toujours eu l'impression que, toutes sublimes et honorables que paraissent leurs motivations, le véritable ressort de leur désintéressement était le manque de confiance en soi.

On peut facilement identifier dans la modestie la part de déterminisme social. Mères et filles souffrent souvent du même symptôme de renoncement. La situation devient drôle quand les deux se retrouvent sans le vouloir en concurrence, chacune revendiquant la palme de la plus grande générosité.

Quand sous des dehors polis, soi-disant aimables et apparemment modestes, chacune lutte pied à pied pour prouver qu'elle est la plus capable de bonté d'âme, la plus qualifiée pour l'abnégation. L'observateur averti ressent alors une joie secrète quand, dans le duel modestie contre modestie, femme contre femme (les hommes y sont rares), se révèlent des talents de combattantes insoupçonnés et jusqu'ici soigneusement cachés.

Il m'est arrivé d'assister à des échanges feutrés où mère et fille se disputaient le mérite de ne pas prendre le magnifique vase en argent de la tante qui venait de décéder. « Il ira mieux dans ta maison » ; « Tu en profiteras plus longtemps » ; « Tu t'es davantage occupée d'elle » ; « Tu étais sa nièce préférée » ; « Prends-le, s'il te plaît » ; « Non, vraiment, je ne peux l'accepter ». Pour finir, ce fut une parente éloignée qui s'attribua le vase en disant : « Si vous n'arrivez pas à vous entendre... »

La modestie s'acquiert par imitation, et par la valorisation parentale du comportement modeste. Les parents à la fois très présents et très aimants ont souvent des enfants excessivement modestes, qui font par là acte de soumission. Car ce sont des parents qui n'octroient pas de véritable espace de liberté à leur enfant mais qui ont une idée très précise de ce qu'il devra faire plus tard.

L'attitude compatissante

Le thème est cette fois : « En m'associant à la souffrance de l'autre, je la fais disparaître. »

La pitié compte parmi les qualités humaines les plus importantes. Mais dans la relation avec l'autre, elle ne peut remplacer l'amour. Les deux sentiments s'accordent mal.

Le piège caractérisé de la compassion est facilement repérable. On remarque tout de suite si une femme s'attache par pitié à un partenaire quand la difficulté de celui-ci à affronter l'existence est évidente. Elle se prend d'affection pour l'homme trop tendre malmené par ses collègues de travail, protège celui qui ne s'est jamais libéré de l'emprise du frère aîné. Elle console le fils écrasé par la forte personnalité de son père, et qui s'est révélé incapable de suivre ses traces. Elle le dorlote parce qu'il ne s'est jamais affranchi du rôle d'enfant craintif ou d'éternel perdant. Elle ne l'aime pas. Elle l'aurait quitté depuis longtemps s'il n'était pas à plaindre.

Conséquences dramatiques

Il est plus difficile de détecter une pitié maladive quand le malheur de celui que l'on plaint (que ce soit le manque de confiance en soi, une dépression ou la perte d'un emploi) n'est connu que d'un petit cercle de proches et que rien ne transparaît à l'extérieur. Ce sont ces familles apparemment intactes et heureuses sur lesquelles la catastrophe semble soudain s'abattre. Comment en est-on arrivé là ?

Les personnes compatissantes ont souvent cette redoutable particularité de ne pas apporter d'aide véritable, mais d'alourdir paradoxalement la charge qui pèse sur celui qui souffre. L'homme perd son travail, mais on tente de préserver les apparences. C'est d'ailleurs la seule chose dont la personne compatissante soit capable. Elle ne propose aucun dérivatif, aucun soulagement, aucune assistance réelle face à une vraie détresse psychologique. Les tragédies familiales qui surviennent sans crier gare commencent parfois de cette manière. Et se terminent tragiquement par un fait divers dans la presse (« Un homme tue sa femme et son enfant »). Quand on remonte la trame de l'histoire, bien des actes de folie trouvent une certaine cohérence.

Le partenaire, déjà instable, n'a plus de repère. La seule « solution » qui lui reste, puisqu'il ne peut ni ne doit assumer ses insuffisances, c'est de libérer *tout son entourage* de ce cauchemar.

De nombreux couples adoptent un fonctionnement de type compensatoire : quand l'un est déprimé, l'autre est en forme et lui soutient le moral. Mais dans les exemples que j'ai cités, l'équilibre est rompu.

Comment la pitié agit-elle sur ceux qui souffrent ?

Cette question constitue un test fiable lorsqu'il s'agit de distinguer la pitié authentique de la fausse pitié. La vraie pitié, émanant d'un caractère fort et serein, a généralement un effet apaisant et libérateur. Souvent, elle permet à la personne qui souffre de mobiliser ses propres capacités à gérer ses problèmes, et en tout cas de se détendre, de retrouver son calme et de prendre du recul.

Avec la fausse pitié, c'est différent. Il s'agit alors d'une tentative voilée de vaincre, par une compassion hypocrite, sa propre peur de voir sombrer celui qui souffre. Le principe est le suivant : j'ai pitié de toi, retrouve s'il te plaît ton ancienne force, ou ôte-moi au moins la peur que m'inspire ton actuelle faiblesse.

Il faut ici évoquer un autre aspect du problème : les personnes qui, dans l'enfance, ont souffert de violences, d'exigences excessives, de manque d'amour ou de solitude ont souvent tendance à adopter envers les animaux ou les autres êtres humains une attitude qui les aide à assumer leur passé. Parmi elles on trouve un grand nombre de défenseurs de la cause animale, dont les positions peuvent être par ailleurs tout à fait correctes sur le principe. On constate souvent chez ces activistes une agressivité latente, écho des souffrances endurées.

Lorsqu'on dirige vers l'autre une pitié à si forte charge symbolique, on instaure un cercle vicieux. La pitié manque son but, au moins à long terme. La personne compatissante est gravement déçue parce qu'elle se révèle incapable d'aider. Elle se retrouve donc, sans le vouloir, dans le rôle de ceux qui autrefois l'ont tant fait souffrir. Personne ne l'avait aidée alors, et aujourd'hui elle est obligée de s'avouer son incapacité à aider les autres. Elle ne vaut pas mieux que ceux qui, dans son enfance, lui refusaient leur aide.

Souvent, la compassion repose sur une expérience visuelle. S'il n'y avait toutes ces images de souffrance à la télévision, la pitié des téléspectateurs, exprimée en montant des dons versés, s'en trouverait considérablement réduite.

Pourtant, cette pitié-là ne reflète pas les significations positives du terme. La pitié réelle, profonde, a une origine différente, elle naît de l'affection qui nous lie à un être humain. Et nous n'avons pas besoin de support visuel pour nous mettre à sa place et éprouver ses souffrances.

Quand la pitié est fausse, on ne prétend pas et on n'estime pas pouvoir ou devoir sortir de sa détresse celui qui souffre. C'est pourquoi cette forme de pitié est souvent associée à un activisme teinté d'impuissance, plus inquiétant que rassurant pour la « victime ». Souvent, la personne qui compatit a les pleurs faciles, quand elle ne s'y noie pas totalement, devenant à son tour individu souffrant. Pour finir, elle a pitié d'elle-même, et elle souffre deux fois. Pourtant, les âmes compatissantes tiennent à garder une contenance, qui prendra souvent la forme d'un sourire forcé. Il ne s'agirait pas, en plus, de perdre sa séduction en ne contrôlant plus son visage. Le plus grand risque pour elles serait de faire pitié. C'est leur plus grande crainte même si, parallèlement, l'envie d'être prise en pitié est profondément ancrée et émerge parfois avec force, pour être aussitôt refoulée avec vigueur.

La femme apprivoisée

LES FEMMES DOIVENT TROUVER DES CAMARADES DE LUTTE

Les femmes doivent chercher l'appui et le soutien de ceux qui veulent vraiment faire bouger les choses. Et prendre conscience que même leurs meilleures amies n'y sont pas forcément prêtes, quoi qu'elles en disent.

Si vous vous rebellez, si vous voulez tourner le dos aux clichés, on vous fera une réputation de querelleuse, d'enquiquineuse, ou pire encore. Que cela ne vous trouble pas ! Le désir d'être soi-même, la volonté de clarifier certaines choses, l'espoir d'en voir évoluer d'autres sont des impulsions qui nécessitent des encouragements extérieurs. Il s'agit de trouver des âmes sœurs. De vieilles amitiés prennent une dimension nouvelle.

Celle qui aspire au changement doit s'attendre à devoir rompre avec ses amis habituels. Ce sont les affinités qui rapprochent les amis. Quand elles se modifient, l'amitié change aussi. Idées et objectifs nouveaux appellent de nouveaux compagnons de route. On y retrouvera peu d'anciennes amies. Attendez-vous aussi à ce que vos anciennes copines se retournent contre vous, peut-être parce qu'elles se sentent négligées ou menacées par vos initiatives.

Le plus pratique est de se chercher des alliés parmi ceux avec qui l'on a des intérêts communs. Les changements que vous voulez apporter sont déjà assez difficiles à réaliser, même en vous y attelant à plusieurs. On résiste mieux quand on se soutient et s'encourage mutuellement.

Il faut que les femmes cessent de se plaindre et de souffrir sans nécessité des structures de pouvoir existantes et de la persistance des clichés. Cela n'apporte rien à personne. À elles d'être plus vigilantes et de s'épauler pour ne pas risquer de retomber dans leurs anciens errements. Elles doivent se soutenir en paroles et en actes et surmonter ensemble leurs difficultés.

Toute mutation, qu'elle soit personnelle ou sociale, demande du temps. Il est évident que l'évolution des structures de la société et, concrètement, la redéfinition du rôle de la femme doivent être conduites à plusieurs niveaux. Il faudra sans doute quelques générations pour réaliser les transformations nécessaires. Même quand les esprits se sont adaptés, à commencer par le sien propre, les comportements ne se modifient que petit à petit et les reculs sont fréquents. Pourtant, les femmes doivent surmonter les obstacles. Qui défendra leurs intérêts sinon elles-mêmes ?

Cela n'avancera guère les femmes de rejeter toute la responsabilité sur les hommes et de gaspiller leur énergie en réquisitoires virulents ou haineux. Ces attaques manquent leur cible ou se retournent contre leurs auteurs. On doit faire preuve dans cette affaire d'esprit constructif et non destructeur, et agir sans attendre d'y être invité.

Les hommes tentent de résister à la concurrence des femmes dans le monde professionnel, et la remise en cause de leur qualification est un argument souvent employé. Mais ce n'est pas forcément de la misogynie. Quand on a la possibilité d'éliminer d'un seul coup la moitié de ses concurrents, le plus souvent on n'hésite pas. On fait feu de tout bois, et la « lutte des sexes » fournit matière à toutes sortes d'arguments fallacieux et irrationnels. Il s'agit d'en analyser le mélange.

Imaginez que votre collègue, craignant que votre qualification ne soit supérieure à la sienne, se lance dans des propos machistes : ne vous laissez pas impressionner ni détourner de vos objectifs.

Les femmes se freinent mutuellement

Les femmes se créent elles-mêmes leurs handicaps. Cela commence par l'idéal de minceur, admis par la plupart d'entre elles. Si les femmes sont attachées à ces normes, les hommes s'en préoccupent beaucoup moins. Les femmes inventent la norme, l'exigent *et* font des hommes leurs porte-parole.

La remarque « innocente » de la copine : « Tu n'aurais pas un peu grossi ? » fera mouche plus sûrement que la critique d'un homme. Les femmes accordent à l'évidence plus d'importance au jugement de leurs consœurs. Pour beaucoup d'hommes, il importe peu que leur femme ait quelques kilos en plus ou en moins. La plupart du temps, ils ne s'en aperçoivent même pas.

De même, affirmer que les hommes ne cherchent qu'à se faire servir ne correspond pas vraiment à la réalité. D'ailleurs, qui n'aime pas se faire servir ? Après une période d'adaptation, les hommes sont tout à fait capables de se faire à l'idée qu'on ne leur serve pas de repas chaud tous les soirs. Peut-être le mari affamé va-t-il manifester sa mauvaise humeur, mais si cela suffit à déclencher chez sa gentille femme un réflexe de mauvaise conscience et à la précipiter devant ses fourneaux, elle ne doit s'en prendre qu'à elle-même. À elle de dire « non », d'abord intérieurement, puis à son mari.

Pour éviter tout malentendu, je voudrais rappeler ici que la plupart des hommes préfèrent sans doute une femme soumise et entraveront les efforts de celle qui aspire à l'indépendance et à l'autonomie. Mais que, en dernier ressort, ce sont les femmes qui constituent le principal obstacle à cette libération.

À quoi reconnaît-on ses propres attitudes de soumission ?

Le paragraphe suivant se limite à quelques travers comportementaux. La question est de savoir comment une femme peut prendre sa situation en main, identifier ses réflexes de soumission et s'en débarrasser.

La docilité se cache souvent derrière ces *qualités* dites féminines, qui pourtant ne mériteraient cette appellation que lorsqu'elles émanent du plus profond de soi et que les actions qu'elles inspirent sont en accord avec les idées que l'on a. Le plus souvent, on agit sur une impulsion sans réfléchir aux conséquences de son attitude à moyen et long terme. Elle aura peut-être des répercussions positives dans l'immédiat, par exemple une dispute évitée, mais des effets pervers à la longue : l'érosion de la confiance en soi ou la maladie, pour ne citer que ces deux éventualités.

Comment une femme peut-elle savoir si elle a agi par conviction et en fonction de ce qui est important pour elle, ou si elle ne fait que signaler son intention de se soumettre ?

Si vous vous sentez mal à l'aise après avoir proposé votre aide, c'est que vous vous êtes laissé piéger.

Les femmes accommodantes

Gaëlle : il préfère la pizzeria, elle le restaurant grec. Pour éviter de longues discussions, elle décide que cela n'a pas tant d'importance pour elle et cède.

Christine : il a envie de passer des vacances sportives, elle s'intéresse plutôt à la culture. Elle se dit que l'activité physique ne peut que lui faire du bien et cède. Les voilà donc faisant du rafting en Ardèche et, comme tous les ans, il la distance à grands coups de pagaie.

Anne-Marie : voilà déjà cinq fois qu'ils déménagent à cause de son travail à lui, cette fois elle résiste. Elle aussi a un travail intéressant et voudrait bien le garder. De vertueux scrupules ébranlent sa détermination. Elle ne mettra pas en danger la carrière de son mari et cherchera un autre emploi.

Giselle : il voulait deux enfants rapprochés. À la naissance du deuxième, il avait juré d'être un « nouveau père » et de prendre un congé parental. Finalement, c'est elle qui se retrouve à la maison. Juste après la naissance du bébé s'est présentée à son mari la chance de sa vie : un poste de directeur au siège du groupe aux États-Unis. Il partira seul, « dans un premier temps ».

Les femmes doivent s'interroger sur les motivations de leurs actions.

> Posez-vous la question suivante : lorsque j'agis de telle ou telle manière, cela correspond-il vraiment à mes intentions profondes ? Ou bien mon attitude répond-elle à l'attente des autres, ou à ce que je suppose être leur attente ?

Analysez le profit que vous tirez de certains de vos comportements ! Et demandez-vous quel avantage vous en aviez espéré !

Lorsque vous vous trouvez dans une situation critique, essayez de répondre concrètement aux questions suivantes :

> Qu'est-ce que je souhaite ?
> Qu'est-ce qui motive mon action ?
> Qu'est-ce que j'espère en adoptant cette attitude ?
> Quels autres moyens s'offrent à moi de parvenir à mon but ?
> À quels attitudes, réflexes verbaux et types de comportement pourrais-je recourir, autres que ceux qui se présentent spontanément à moi ?
> Quel est mon état d'esprit actuel ?
> Qu'est-ce qui me plairait le plus ?
> Qu'est-ce qui vaut mieux pour moi ?

Qu'arriverait-il si je suivais ma ligne envers et contre tout ?
Quelles craintes cette idée éveille-t-elle en moi ?
Qu'est-ce que j'éprouve quand je réalise clairement que j'agis contre mes intérêts et que je me renie moi-même ?
Et qu'éprouverai-je demain, la semaine prochaine, dans un mois, ou dans un an ?
Qu'ai-je ressenti dans des situations comparables ?

L'objectif est d'aider chacune à prendre conscience de son propre schéma de dépendance, c'est-à-dire du comportement qui s'enracine au plus profond d'elle. Après, seulement, elle pourra mettre sur pied ses propres stratégies de défense.

La soumission peut prendre des formes diverses. Je les ai classées en trois catégories pour en faciliter le repérage :

– **Les rituels de soumission** : ce sont les actions qui indiquent obéissance, docilité et humilité.

– **Les attitudes de soumission** englobent les formes d'expression non verbales telles que le langage corporel, la physionomie, les gestes.

– **Le langage de soumission** : c'est d'abord ce que l'on dit, et les termes choisis pour le dire, mais également le non-dit, ce qu'il faut « lire entre les lignes », ainsi que le registre vocal.

Chacun de ces trois domaines recèle des messages de soumission. Ils sont une entrave à l'épanouissement des femmes et une incitation pour l'entourage à tirer parti de leur faiblesse. C'est de la part des femmes une forme de sabotage inconscient d'elles-mêmes.

LE SABOTAGE INCONSCIENT DE SOI-MÊME

Par leur attitude soumise, les femmes confortent les hommes dans la conviction de leur supériorité. La femme qui adopte un comportement humble et docile consolide la hiérarchie existante. Elle se dévalorise. Elle élève les obstacles qu'elle aura ensuite tant de mal à franchir.

Rituels de soumission : la femme directeur d'entreprise reste « polie » face à un chef de service impertinent. On a l'impression qu'elle lui fait un cours de bonnes manières : elle choisit des termes aimables, parle d'une voix douce et feutrée. Elle sourit quand il l'interrompt. Il lui dit : « Chère madame », et lui fait la leçon d'une voix claironnante. Elle n'a aucune stratégie de défense et tolère qu'il la remette à sa place devant tous les autres chefs de service.

Une responsable du personnel recherche elle-même les documents nécessaires à la constitution des dossiers. Elle diffère des tâches plus importantes pour ne pas déranger sa secrétaire qui, de toute façon, y mettrait trop de temps. Elle se discrédite elle-même.

Gestes de soumission : voilà plusieurs fois qu'on vous impose des tâches dépourvues d'intérêt. Vous refusez *mais vous souriez comme pour vous en excuser et baissez le regard en hochant timidement la tête*. Cela ressemble à une invitation : « Essaie encore, je finirai peut-être par dire oui pour ne pas paraître paresseuse, pointilleuse ou mesquine. »

Langage de soumission : vous exprimez votre opinion, vous êtes sûre de ce que vous avancez et puis, au dernier moment, vous semblez vous rétracter prudemment car vous dites : « N'est-ce pas ? » ou bien : « Vous ne pensez pas ? » Vous accordez donc plus d'importance au jugement des autres qu'à votre propre jugement.

LE PROFIT IMMÉDIAT DE LA SOUMISSION

On peut se demander quel avantage les femmes tirent de leur soumission. De nombreuses femmes plient et s'adaptent, et finissent elles-mêmes par croire que le sourire, les prières, les larmes, les récriminations ou la docilité sont des stratégies payantes. Le système semble marcher à première vue. Au début, les effets sont souvent positifs. Comme elle l'avait escompté, la petite fille qui donne gentiment son bonbon sera félicitée, de même que la grande qui fait bravement des heures supplémentaires pour terminer le travail des collègues. On change le pneu de la femme qui jette autour d'elle des regards désemparés, et on aplanit les obstacles devant l'épouse timorée.

Brigitte, elle aussi, a préféré la soumission au défi que représente l'activité professionnelle. Après plus de huit années d'études, elle avait enfin passé son examen. Elle ne trouva pas d'emploi tout de suite et vécut aux crochets de son ami. Son argumentation tenait debout : elle donnait d'elle l'image d'une femme intelligente, très diplômée et pas disposée à accepter n'importe quel boulot de secrétaire. Elle fut crédible quelque temps, jusqu'à ce que se présente l'emploi de ses rêves. Alors elle tomba enceinte : elle se réfugia littéralement dans la grossesse pour ne pas avoir à affronter les responsabilités professionnelles. C'était une échappatoire pratique. Une grossesse constitue pour les femmes un bon moyen de fuir le stress professionnel. Le prix qu'elle paya fut élevé : son ami exigeait qu'elle en fasse de plus en plus à la maison, et il s'occupait peu du bébé. Elle se retrouva seule avec ses problèmes. Certes, elle a récolté un avantage immédiat, mais le dommage que lui a causé son attitude soumise est grave et durable. Il l'atteint au plus profond d'elle-même : sa confiance en elle est sérieusement ébranlée. Et elle perd aussi, pour finir, la considération des autres. C'est du reste inévitable : il faut abandonner tout espoir que les autres vous apprécient mieux que vous ne le faites vous-même. Les conséquences n'apparaissent qu'ensuite, quand derrière une insatisfaction permanente surgissent les premiers symptômes de fatigue, d'épuisement ou de maladie. Pour finir, les effets se font sentir sur l'attitude des collègues, amis et connaissances, et leurs visites et invitations s'espacent.

LE LONG CHEMIN DE L'ASSERVISSEMENT DE SOI

On ne sait plus très bien, après coup, comment cela a commencé. Il faut souvent se reporter plusieurs années en arrière, et le point de départ aura sans doute été une concession sans importance, peut-être une contrariété qu'on a ravalée en souriant, une colère contenue lors d'une fête de famille, un excès de compréhension pour sa copine. Les premiers signes de danger sont passés inaperçus, ces indicateurs que sont le sourire d'impuissance, déçu et résigné, la nuque crispée, l'estomac qui se rebelle, des maux de dos, des migraines.

La femme prend son parti, confirmant ainsi les préjugés contre lesquels d'autres essaient de lutter. Elle attend qu'on vienne à son secours, espère qu'on la sortira des passes délicates. C'est un comportement acquis, et d'autant plus pernicieux qu'il semble parfois efficace, tout au moins sur une courte durée. Des expériences ont montré qu'on incitait les garçons à résoudre eux-mêmes leurs problèmes, mais qu'on aidait les filles en supprimant les difficultés qui se présentaient à elles. Devenues adultes, elles imaginent que cela va continuer et se retrouvent dans l'impasse. Agir soi-même devient un défi à relever, que ce soit pour changer un pneu, accepter un nouveau poste ou organiser un voyage. Cela signifie : se retrousser les manches, travailler dur et supporter les échecs éventuels. Donc prendre seule ses responsabilités et en assumer seule les conséquences. L'autre possibilité consiste à attendre que quelqu'un vienne nous tendre une main secourable, en sachant que l'avantage sera de courte durée.

France, par exemple, se croyait définitivement incapable de conduire. Cela avait commencé de manière tout à fait anodine. Depuis qu'elle vivait avec son ami, c'était presque toujours lui qui conduisait. Il roulait plus vite qu'elle. Elle en avait assez de ses commentaires quand elle prenait le volant. Elle n'aimait pas quand il fonçait sur la route, mais c'était finalement plus supportable que ses remarques ironiques. La situation devint critique pour elle lorsqu'elle fut impliquée coup sur coup dans deux accidents sans gravité. Elle prit de moins en moins la voiture et manqua bientôt totalement d'assurance, au point de reculer dans un mur. Bien qu'elle n'ait été pour rien dans ses deux accidents, elle avait réussi à se prouver qu'elle était décidément incapable de conduire. Son père, déjà, la considérait comme une piètre conductrice et à chaque fois qu'elle partait en voiture, il lui fallait subir toute une litanie de conseils bien intentionnés. Aujourd'hui, elle pense qu'il avait raison.

France prit son parti de ce petit handicap. D'une certaine manière, cela lui plaisait que son mari soit aussi prévenant. C'était lui qui faisait le ravitaillement pour toute la famille, qui l'emmenait à son cours de gymnastique volontaire ou au cinéma. Son incapacité semblait donc présenter des avantages. C'était beaucoup plus confortable de se laisser conduire, et si agréable de se dire que son mari était toujours là quand elle avait besoin de lui. Bilan globalement positif ?

Certainement pas. France est prisonnière. Elle ne peut plus faire un pas sans que quelqu'un le sache. Elle est chaque jour plus dépendante et ne prend pratiquement plus aucune décision seule. La spirale infernale est en marche, France est de plus en plus timorée et désarmée. Bientôt, elle ne pourra quasiment plus rien faire seule. Elle a constamment besoin de son mari et même quand il est là, elle sent monter en elle une inquiétude diffuse.

France n'est pas une exception, beaucoup de femmes connaissent ces angoisses du quotidien qui les enchaînent au domicile et au fourneau. C'est presque toujours de manière insidieuse que la peur s'est emparée d'elles. Et cette même peur les dispense de prendre des décisions qui les amèneraient peut-être à sortir du carcan conjugal. Aussi grotesque que cela puisse paraître, la peur peut avoir des avantages, au moins à court terme.

DES RACINES PROFONDES

C'est souvent dans l'enfance qu'ont été jetées les bases de cette autorestriction pratiquée par les femmes, à l'âge où les parents, l'entourage des adultes ou les aînés influencent fortement l'enfant dans la construction de ses références et la conception de son rôle futur. C'est à cette époque que se forge la conviction d'être fort, intelligent, doué pour les mathématiques, ou pas débrouillard, faible et stupide. Inconsciemment, les parents élèvent dès les premières semaines leur bébé différemment selon le sexe. L'éducation des filles est souvent synonyme d'éducation à la faiblesse. Les filles apprennent très tôt qu'elles ne sont capables de maîtriser qu'un petit nombre de situations. Une main secourable écarte les obstacles avant qu'elles aient eu le temps de les identifier.

Les mères consacrent sans en être conscientes moins de temps à leur fille au moment de l'allaitement, elles la touchent moins et la prennent moins souvent dans les bras que leur fils.

Aujourd'hui encore, on reconnaît le garçon à sa grenouillère bleue et la fille à sa grenouillère rose. Plus tard, le bleu de travail deviendra caractéristique de l'habillement masculin, que ce soit dans sa version élégante avec de fines rayures, ou dans sa version crasseuse.

Au-dessus du lit de la petite fille, on installe un mobile représentant des fleurs, des petites poupées ou des anges ; au-dessus du lit du garçon se balancent des avions, des voitures, des chevaux et des bateaux. Le petit garçon apprend très tôt ce que sera sa vie : il est déjà pilote en herbe. Que les toutes petites filles montrent ensuite un intérêt marqué pour les images où figurent des personnes, tandis que les petits garçons préfèrent celles où l'on voit des objets, n'a rien d'étonnant !

Même si les scientifiques continuent de s'opposer sur le caractère inné ou acquis de certains comportements, il est incontestable que dès les premiers jours, ou même dès la grossesse, se met en place une éducation différente selon le sexe de l'enfant. Au fœtus qui s'agite dans le ventre de sa mère, on attribuera une énergie toute masculine : ce sera sûrement un garçon vaillant, sûr de lui et prêt à affronter la vie !

Les petites filles remuantes, en revanche, sont de vilaines petites filles. On a l'impression qu'elles cherchent seulement à irriter leur mère. Les filles doivent apprendre à jouer juste pour le plaisir et sans esprit de compétition. Elles doivent être toujours polies et aimables. On leur inculque le besoin d'harmonie et on en fait des pacificatrices.

Un père demande à sa fille de huit ans de tendre la main à une personne de connaissance, elle se montre timide, résiste : « Allons donc, ne fais pas la sauvageonne. » L'entêtement sauvage est bien la dernière chose qu'on attende d'une femme. À chaque fois que la petite fille essaie d'imposer ses idées ou de satisfaire son besoin de dépense physique, elle est considérée comme méchante, indocile ou butée.

Le regard du père exprime mépris et colère. Il aurait certainement pardonné à un garçon. Les garçons tiennent tête. Ils ont parfois besoin de défier les adultes. Il faut qu'ils s'aguerrissent.

Ainsi les enfants insouciants et joyeux deviennent-ils des hommes au cœur dur et des femmes au cœur tendre.

On pardonne aux filles leur comportement fougueux et turbulent tant qu'elles vont à l'école primaire, mais ensuite on les éduque sans pitié aux « bonnes » manières féminines. Dès que commence la puberté, la pression se fait plus forte et l'erreur n'est plus permise. Celle qui ne fléchit pas perd la considération et l'affection des adultes et des autres filles de son âge. On lui refuse à mots couverts l'accès au bonheur suprême, suggérant que la grille dorée de la cage si brillante et attirante risque de se fermer sous son nez. Et si toutes ces menaces ne suffisent pas, alors on laisse entendre que quelque chose ne va pas chez cette petite. La manière subtile dont on éduque le comportement féminin ou masculin est aujourd'hui plus difficilement détectable qu'autrefois, car il y a un réel effort de neutralité dans l'éducation. Les anciens clichés s'en trouvent recouverts d'un camouflage de générosité, de libéralisme et de tolérance. C'est ainsi que, sans le vouloir, on confirme les vieux préjugés.

Les femmes sont moins agressives, s'intéressent moins à la technique, sont plus passives, moins autonomes, moins ambitieuses que les hommes ; quand elles sont créatives, elles s'expriment dans le travail manuel, tricotent, réalisent des objets d'artisanat, font de la poterie – de préférence au profit de la famille.

Ce que l'on désignera plus tard sous le terme de nature féminine ou de nature masculine est implanté de manière quasiment inconsciente dans la petite enfance, parfois même chez le nourrisson, puis considéré comme inné.

Plus l'imprégnation est précoce, et moins le caractère acquis en sera perceptible. Pourtant, ce qui est acquis est toujours modifiable.

Une petite fille est prise dans les bras, cajolée, mais retenue fermement quand elle tente de s'éloigner de sa mère et rappelée plus vite qu'un garçon du même âge. Elle en déduit qu'il n'est pas bon pour elle (dangereux ? pas correct ?) de vouloir découvrir le monde.

La méthode la plus flagrante pour entraîner les filles à s'orienter sur les personnes et à s'intéresser aux êtres humains, plutôt qu'aux situations ou aux objets, est de leur offrir des poupées, qu'elles reçoivent dès les premières semaines de leur existence. Ce n'est pas le cas pour les garçons. À dix mois elles bercent déjà leur poupée, et certains chercheurs parlent du réflexe de bercement. Est-ce de l'ironie, ou une funeste erreur d'interprétation ? On attribue à un soi-disant instinct maternel ce qui n'est que « le résultat d'un incessant dressage à la féminité[20] ».

La liste est longue d'exemples illustrant la manière dont on fait d'un enfant un homme ou une femme type. Certains sont patents et connus de tous : tout le monde sait qu'on apprend aux filles à jouer à la poupée mais qu'on offre aux garçons de préférence des jeux techniques. Et puis il y a les situations quotidiennes : une éducatrice raconte avec enthousiasme comme elle trouve drôle de se faire avoir par les petits garçons. Elle s'amuse de l'esprit et de l'habileté dont ils usent pour contourner les règles et échapper à leurs obligations. Elle admet en souriant qu'elle accepte sans mot dire, presque sans résister, ces entorses au règlement. On sent son admiration lorsqu'elle décrit comment elle tolère, non sans un peu d'agacement, que les garçons ne respectent pas leurs engagements. Elle n'est pas à l'aise avec les garçons, elle laisse passer beaucoup moins de choses aux filles.

On donne plus de jouets aux garçons, plus de cadeaux utiles aux filles. Cela se termine par un trousseau : les garçons ont le droit de s'amuser, les filles se préparent à leur rôle de mère. On aide plus souvent les filles, elles ne sont pas obligées de porter des charges lourdes. Sont-elles trop faibles ? Elles ne doivent pas faire de sport, ni nager, pendant leurs règles. Sont-elles malades ?

« Fais attention ! » Les filles ne cessent d'entendre cet avertissement. Elles ne sont jamais trop prudentes, partout le danger les guette. Sous couvert de sollicitude, on incite la fille à ne prendre aucun risque, la privant ainsi de la possibilité de gagner. Vous vous souvenez pourtant qu'on ne peut pas gagner sans risquer ! La femme comme concurrente éventuelle est très tôt mise sur la touche.

Il est un piège pernicieux pour les femmes, qui consiste à croire que celui qui leur nuit ne veut en fait que leur bien. Le comportement protecteur, la sanction ou le « soutien » cacheraient en réalité la volonté sublime et généreuse de les aider. Et elles devraient en être reconnaissantes, alors même que le résultat va à l'encontre de leurs intérêts. « N'est-ce pas la bonne volonté qui compte ? » Les femmes se trouvent face à un problème insoluble : deux messages contradictoires les acculent dans une situation de totale impuissance. Quoi qu'elles fassent, elles ont tort. On leur refuse une promotion sous prétexte de sollicitude : « Tu vas trop présumer de tes forces, et je préfère t'en prémunir. » Le piège est imparable :

ou bien elles luttent pour leur carrière et passent pour des ingrates. Ou bien elles se mettent en retrait et perdent confiance en elles.

Il est difficile de conserver son autonomie de décision quand on a perdu le sens de ce qui est bon pour soi et de ce qui ne l'est pas. L'éducation traditionnelle des filles en fait d'éternelles perdantes. Elles réagissent de manière irrationnelle, se perdent dans l'accessoire, procèdent par ruse et par intuition. L'adulte mûr et en bonne forme psychologique est tout différent : il a un esprit analytique, précis, abstrait et direct. C'est le cliché de l'homme type. Ou bien les femmes ont des problèmes psychologiques, ou bien ce sont des hommes ! Elles sont par conséquent inaptes à exercer des responsabilités, et prédestinées au travail subalterne.

Mais cela a changé, direz-vous. L'éducation que je donne à mon enfant vise à en faire un adulte autonome, et qu'il soit fille ou garçon n'a aucune importance. Malheureusement, la transmission des stéréotypes se poursuit impitoyablement d'une génération à l'autre. Souvent sans le vouloir et de manière tout à fait inconsciente, les parents reproduisent par leur comportement, leurs habitudes ou les rites familiaux exactement ce qu'ils voulaient éviter.

Une femme ingénieur en aéronautique est enceinte, elle souhaite un garçon parce que, pense-t-elle, les garçons sont par nature plus intéressés par la technique et plus doués.

Sophie a cinq ans, elle joue peu à la poupée. Sa mère, soucieuse de l'éduquer de façon aussi neutre que possible, lui offre une voiture télécommandée. Pourtant, elle est piégée le jour où Sophie, téméraire, entreprend de grimper à un arbre. Effarée, sa mère la fait redescendre tout de suite.

Élisabeth veut que sa fille soit forte, mais elle lui inculque des tactiques de défense purement verbales : elle ne doit pas répondre par des coups même lorsqu'elle est attaquée, elle doit lutter avec les mots et non avec les poings. Lorsque la petite fait une crise parce qu'elle a perdu, Élisabeth lui explique : « On ne joue pas pour gagner mais pour avoir du plaisir *ensemble*. »

Sans cesse, on reproduit des automatismes comportementaux et éducatifs. Et c'est finalement aux vieilles recettes qu'on a recours. On a beau prendre de bonnes résolutions, on glisse imperceptiblement dans des comportements hérités du passé. Ils sont familiers, on s'y sent à l'aise. Ils sont ancrés dans les mentalités depuis des générations. Toutes les femmes connaissent cette expérience : elles prononcent une phrase, font un commentaire, et pensent aussitôt : « J'ai l'impression d'entendre ma mère. » C'étaient justement les mots qu'elles auraient voulu ne jamais dire. Elles ressentent brutalement leur consternation d'autrefois quand leur propre mère s'adressait à elles de cette façon. Comment ont-elles pu parler ainsi ? Épouvantées, elles s'aperçoivent qu'elles ont exactement ces réactions de leur mère qui rendaient folle toute la famille. Pour peu que le mari ou les enfants eux-mêmes s'en plaignent, et cela ne fait qu'aggraver l'affaire.

Ce sont les « réussites » éducatives des premières années qui contribuent à fixer chez les filles ces attitudes dites féminines. Elles ne sont pas innées, mais le résultat d'un entraînement intensif à la gentillesse, à la dépendance et au conformisme. Il est exceptionnel qu'on entraîne les petites filles à l'action, à l'indépendance et à l'affirmation de soi.

Si l'on éduque chez les filles une forme d'autonomie et d'assurance, c'est dans le cadre de l'acquisition de certaines compétences pratiques, comme faire les courses ou la cuisine, ou rendre de petits services à sa mère dans la maison. Cela n'a pas grand-chose à voir avec l'indépendance véritable, la confiance en soi et le goût de l'aventure. C'est plutôt une façon détournée d'enseigner le conformisme et de préparer la fille à ses futurs emplois d'assistante.

On apprend aux petites filles qu'il est dangereux de se mouvoir librement hors de la maison. Ce n'est pas un hasard si, ensuite, de nombreuses femmes souffrent d'angoisse à l'idée de quitter la protection de leur environnement familier. Très tôt, on leur a insufflé la peur du dehors, où les guettent les dangers les plus divers, surtout si elles ont envie de sortir le soir ou de voyager à l'étranger. Ce n'est pas convenable pour une fille ou une femme de traîner la nuit dans un café ou de vouloir traverser l'Australie avec un sac à dos.

Ces avertissements pleins de sollicitude laissent une trace profonde et finissent par exercer une influence déterminante, même s'ils sont démentis par la réalité. On classera comme dangereuse une situation qu'on n'aura pas pris la peine d'examiner. Les contre-exemples positifs ne suffiront pas à infirmer cette conviction acquise une fois pour toutes.

Au lieu de favoriser leurs initiatives, on suggère aux filles qu'elles ont tout intérêt à rester où elles sont. Sous couvert de sollicitude et d'affection, on les enchaîne tout doucement. Elles en déduisent qu'il est bon de rechercher la protection des autres et de privilégier l'environnement et l'entourage familiers.

Des mécanismes tout aussi subtils sont à l'œuvre pour les persuader qu'elles n'ont aucun talent pour les mathématiques ou les fonctions de direction, ces professions masculines qui jouissent d'un grand prestige. Très tôt, on les décharge de certaines corvées, on les aide en croyant de bonne foi leur rendre la vie plus facile. En fait, on les déresponsabilise. Plus tard, on leur tiendra galamment la porte ou le manteau qu'elles s'apprêtent à enfiler. Sont-elles trop maladroites pour s'habiller seules ? On leur ouvre la portière de la voiture, mais elles devront de ce fait se contenter du siège du passager. Elles ont la chance de se faire conduire, mais c'est le chauffeur qui décide du trajet et de la vitesse. Elles se retrouvent à nouveau dans un rôle passif. Le mari entretient la famille, on ne leur demande que d'être gentilles et bonnes ménagères.

Certes, on connaît aujourd'hui les effets pernicieux d'une éducation visant à éliminer tous les obstacles, mais cela ne modifie pas fondamentalement le comportement éducatif des parents. Il n'apporte rien à une femme de savoir qu'on a étouffé chez elle le goût des mathématiques. Le frein est maintenant d'ordre idéologique et en prendre conscience ne constitue qu'un tout début de solution à son problème. Bien que persuadée d'être nulle en mathématiques, cette femme va entreprendre de se prouver le contraire, tâche ô combien difficile !

Au lieu de chercher à découvrir leurs talents enfouis, les êtres humains ont tendance à cimenter leur opinion de soi, même si celle-ci repose sur le fondement bancal d'une éducation entachée de préjugés.

Une fillette de sept ans m'expliqua : « Nous ne sommes pas intelligents. Je ne sais pas aussi bien compter et écrire que les autres dans la classe. » En réalité, ses prestations étaient du même niveau que celles des autres élèves. La petite ne faisait qu'exprimer ce que sa mère pensait. « Nous » signifiait « notre famille ». La conviction de la mère était la suivante : « Nous sommes des gens simples, venus de la campagne, nous ne sommes pas intelligents. Nos enfants ne seront jamais de brillants élèves. »

Peut-être n'était-elle pas très intelligente en effet. Mais plus que ses dispositions scolaires réelles, je crois que ce qui freinait cette petite fille, c'étaient surtout l'opinion négative que la famille avait d'elle-même et son attente concernant la scolarité de l'enfant. C'est un comportement que l'on peut comprendre de la part d'un enfant. Mais lorsqu'une femme adulte reprend tels quels les jugements et points de vue de son enfance ou les normes et principes des autres, elle est incapable d'agir de manière responsable.

Il est indiscutable que l'héritage de l'enfance n'est pas uniquement positif. Mais on n'est pas obligé de porter ce fardeau toute sa vie. Ni de respecter, une fois adulte, les conseils qu'on nous a prodigués dans l'enfance, et dont on trouve la trace dans les albums de poésie familiale :

« Sois toujours serviable et bonne, le courage ne t'abandonne. »

« Tu ne dois pas dire tout ce que tu sais, mais être sûre de ce que tu dis. »

On peut y ajouter ces règles de vie transmises de génération en génération, et dont nous avons déjà rencontré un échantillon dans le chapitre « La grande escroquerie » :

Les longues aiguillées sont des aiguillées de paresseuse !

(*On ne doit pas rechercher la facilité.*)

L'homme doit affronter les dures réalités de la vie !

(*Et la femme être reconnaissante de pouvoir rester à la maison.*)

Une femme a le droit de travailler, un homme en a le devoir !

(*Le travail de la femme est secondaire, seul compte celui du mari.*)

Il faut souffrir pour être belle !

(*Les femmes doivent souffrir.*)

Le mariage efface les peines de cœur !

(*Pour une fille, le mariage est ce qui compte le plus.*)

Il faut savoir rabattre le caquet des femmes !

(*Résistons aux femmes qui veulent s'affirmer et faire preuve d'indépendance.*)

D'autres messages sont transmis de manière plus directe :

Il faut savoir être aimable et sourire en toute circonstance.

Ne fais pas subir aux autres ta mauvaise humeur.

Un sourire vaut mieux que mille arguments.

La femme qui suit ces préceptes restera confinée dans le rôle de la gentille fille effacée, entretenant ses propres préjugés et confirmant ceux des autres.

LES AVANTAGES ILLUSOIRES DES PRÉJUGÉS

D'un point de vue sociopsychologique, comme d'un point de vue psychologique pur, les préjugés remplissent une fonction bien précise, à savoir l'identification et la valorisation du groupe auquel on appartient.

C'est un moyen de créer un sentiment d'appartenance, de délimiter son territoire. On se sent solidaire, accepté, sécurisé. S'éloigner de la norme reconnue par le groupe équivaut à se jeter à l'eau avec, à la clé, la noyade ou une expérience profondément stimulante. Mais il faut du courage pour renoncer à la sécurité d'un environnement familier.

De plus, les préjugés conservent les rapports de forces. Ils aident les êtres humains à s'orienter en créant une impression de fiabilité. Mais cela signifie aussi le maintien d'attitudes et de clichés éculés. En clair, tant que les femmes cautionneront les préjugés sur leur rôle dans la société, elles contribueront à leur état de faiblesse.

Par ailleurs, les préjugés prémunissent contre la peur et l'autocritique. Ils consolident l'opinion que l'on a de soi, positive jusqu'à la présomption, ou négative jusqu'au complexe d'infériorité.

Toute forme de soumission exercera sur un individu une emprise d'autant plus grande que lui-même sera convaincu que ce rôle lui convient, qu'il y est destiné ou qu'il en est irrémédiablement prisonnier.

À chaque fois qu'une femme se diminue, se montre docile ou sourit sans raison, elle fait le jeu de ceux qui disqualifient, discriminent et déconsidèrent les femmes en général, et elle en particulier.

Et elle finit fatalement par perdre une grande partie de sa propre estime. Pour se sentir bien, elle a besoin d'être sans cesse rassurée, ce qui est une forme de soumission à l'autre.

La soumission peut se présenter de diverses manières. J'aimerais en examiner quelques-unes.

Formes de soumission

Le sourire est une chose magnifique. Il traduit un sentiment de plaisir et de joie. Sourire à quelqu'un est une façon d'établir le contact, de montrer qu'il vous est sympathique. Mais le sourire est un piège quand les femmes sourient à tout propos, quand le sourire devient contrainte. Cet éternel sourire reflète le reniement de soi.

Le sourire devient acte de soumission quand il indique : je veux me conformer à ce que l'on attend de moi, je me fais oublier, je suis gentille.

La plupart du temps, les femmes ne réalisent pas qu'elles transmettent par leur sourire un message caché qui les place en situation d'impuissance et de dépendance.

Elles sourient comme pour s'excuser alors qu'elles sont en train de formuler une exigence.

Message caché : Ne prends pas cette exigence trop au sérieux.

Bien qu'elles aient pris la bonne décision, elles sourient d'un air interrogateur.

Message caché : Es-tu d'accord avec ce que j'ai décidé ?

Elles sourient amèrement, mais n'osent pas se défendre.

Message caché : Je ne peux rien contre toi, je n'ai pas d'autre choix que de me taire.

Elles sourient stupidement, elles se font plus bêtes qu'elles ne le sont.

Message caché : Je suis stupide, j'ai besoin de toi, je ne serai jamais une menace pour toi.

Elles présentent un travail de qualité mais sourient d'un air embarrassé.

Message caché : Le succès me met mal à l'aise. Je ne vais pas me monter la tête.

Elles sourient avec bienveillance et dissimulent leur irritation.

Message caché : Je suis contrariée mais je n'ai pas le courage de le montrer ouvertement.

Elles sourient avec coquetterie, pensent que c'est la seule façon d'atteindre leur but.

Message caché : Excuse ma maladresse ou ma bêtise, je te promets d'être toujours gentille. Je ne suis qu'une faible femme.

Elles sourient, comme prises en flagrant délit d'égoïsme : pour une fois, elles avaient d'abord pensé à elles.

Message caché : Pardonne-moi. Je ne le referai plus.

Elles sourient d'un air désemparé quand elles ne s'en sortent pas seules.

Message caché : Je suis complètement démunie. Toi seul peux m'aider.

Bien qu'elles aient eu raison d'imposer leur point de vue, elles sourient en manière d'excuse.

Message caché : Je regrette d'avoir obtenu ce que je voulais. Je suis prête à y renoncer.

Elles sont sûres de leur affaire, mais elles sourient d'un air hésitant.

Message caché : Je suis prête à changer d'avis.

Les hommes aussi peuvent adopter des attitudes de ce type. Eux aussi cherchent à apaiser et à éviter la confrontation directe. Mais chez eux ce comportement est porteur de messages d'affirmation de soi :

C'est moi qui ai raison et je ne me laisserai pas entraîner dans une discussion.

Je suis sûr de moi. Je regrette que tu ne veuilles pas adhérer à mon point de vue.

C'est moi qui décide, tu peux dire ce que tu veux, je ne changerai pas d'avis.

Si je me tais, ce n'est pas en signe d'approbation mais pour couper court à une scène.

Le message caché du discours masculin est le suivant : *Je ne veux pas de dispute mais, dans le doute, je n'en ferai qu'à ma tête.*

Le message caché du discours féminin est tout autre : *Je ne suis pas sûre de moi ; dans le doute, je battrai en retraite.*

Le sourire de soumission peut avoir des significations multiples, et un même sourire plusieurs messages cachés.

LES FEMMES CRÉENT LEUR PROPRE DÉPENDANCE

Le sourire peut devenir une arme redoutable quand les femmes l'utilisent par ruse ou pour manipuler leur interlocuteur. Mais si ce n'est qu'une manière de dissimuler sa peur et d'amadouer l'adversaire, c'est une forme de soumission.

Il faut bien constater que, dans la vie quotidienne, les femmes ont tendance à se conformer au rôle qu'on attend d'elles en se montrant aimables et conciliantes. Quand la situation devient critique ou défavorable, elles mettent toute leur énergie à faire bonne figure. Il ne leur viendrait pas à l'idée de se défendre ou de riposter.

Ce n'est pas uniquement par manque d'audace que les femmes préfèrent abandonner leurs positions en souriant, mais aussi par une vague crainte de paraître moins féminines et séduisantes si elles se montrent combatives et résolues. Elles désamorcent leurs réflexes de défense. Elles se réduisent elles-mêmes à l'impuissance. Les pulsions agressives sont systématiquement refoulées. (Certaines femmes prétendent même de pas en avoir.) Je suis convaincue que le fait de renoncer définitivement à toute forme de résistance empêche d'être pris au sérieux. Un individu sans défense suscitera tout au plus la pitié s'il ne parvient pas à régler lui-même ses problèmes, mais il ne sera en aucun cas considéré comme un partenaire potentiel ou seulement crédible.

En décidant de renoncer à se défendre, les femmes se font dissimulatrices. Malheureusement, l'accumulation de toutes ces décisions inconscientes crée une spirale de la dépendance. Car l'individu sans défense a besoin de la protection des autres. Mais la dépendance ne s'arrête pas là.

Celle qui sans nécessité restreint son champ d'action et n'utilise pas toutes ses ressources voit s'agrandir inexorablement le domaine de son incompétence, c'est-à-dire de son impuissance à agir, et finit avec le temps par se « prouver » qu'elle ne sait rien faire. Beaucoup de femmes croient plus ou moins inconsciemment qu'en ayant l'air trop sûres d'elles, elles se priveront de la protection des autres. Elles craignent que la solitude, la perte d'affection, d'intimité et de sécurité ne soient le prix à payer pour la conquête de leur autonomie. C'est une des raisons pour lesquelles elles préfèrent la dépendance à l'affirmation de soi. Elles se trompent cependant. Quand on est sûr de soi et en pleine possession de ses moyens, on donne l'impression de pouvoir diriger sa vie. Si l'on a besoin d'un soutien ponctuel, on l'obtient sans peine parce qu'on n'en abuse pas. La situation est exceptionnelle, tout le monde peut être un jour amené à demander l'aide ou le conseil des autres.

J'aimerais dans ce contexte revenir brièvement sur le rôle de la tenue vestimentaire : plus les talons sont hauts, moins la démarche est assurée. Plus la jupe est étroite, plus la liberté de mouvement est réduite. Certains imaginent peut-être qu'une femme vacillant sur des talons hauts obtient tout ce qu'elle veut. Cette « fragilité charmante » n'en demeure pas moins une forme d'amputation de la personnalité.

La spirale de la dépendance aspire petit à petit tous les domaines de l'existence. Un jour ou l'autre s'ajoute la dépendance économique, engendrant à son tour une nouvelle perte d'estime de soi.

Le mouvement descendant peut s'achever en maladie psychique sérieuse, due à un effort excessif pour se conformer et se soumettre aux autres tout en craignant sans cesse d'être rejeté. Quand on a pour seule préoccupation de plaire à tout le monde, on est incapable de goûter aux joies de l'amitié et de la complicité. Obsédé par la peur d'être privé de protection ou d'affection, on n'est plus en mesure de ressentir le bonheur d'être à deux.

L'espoir s'amenuise de construire un jour une relation équilibrée avec l'autre. Le sentiment de dépendance par rapport aux parents, maris, concubins ou patrons se renforce. Il devient pour finir impossible de se gérer soi-même, de prendre seule des décisions, de gagner sa vie, remplir un chèque ou porter plainte devant un tribunal.

Les renoncements féminins

Cela m'a souvent mise hors de moi de voir à combien de choses les femmes renoncent. Une formule s'est imposée à moi : *Le renoncement est un mal féminin*. Ce renoncement s'accompagne la plupart du temps d'un sourire... contraint. Mais il y a un autre sourire féminin. L'utilisation calculée du sourire ou d'un visage avenant est parfaitement justifiée. C'est le moyen d'obtenir quelque chose plus facilement, de venir à bout des résistances, ainsi qu'une efficace stratégie d'apaisement. Mais le sourire de façade qu'on affiche en toute circonstance est un sourire malade.

Il n'est pas toujours évident de classer les différents types de sourire : est-il spontané ou remplit-il une fonction particulière ? Dans ce dernier cas, a-t-on affaire au désir anxieux de se soumettre, de rassurer l'interlocuteur, ou à une forte détermination, une volonté claire de manœuvrer l'autre ? Le premier est le rictus de la soumission, le second le sourire du pouvoir.

Le plus souvent, le sourire de soumission est assorti de gestes et rites de soumission.

Les attitudes suivantes en font partie. Elles contiennent toutes l'idée de renoncement :

- Le refus de s'opposer.
- Le refus d'ambition intellectuelle.
- Le refus de s'affirmer (l'incapacité à s'imposer).
- Le refus d'établir ses propres règles.
- Le refus de gagner son argent, le refus du succès et de la reconnaissance des autres.
- Le refus d'espace et de temps.

Ce qui est déterminant dans l'attitude de soumission, c'est la manière dont on *agit*. Le sourire n'est qu'un indicateur permettant de dire s'il y a geste de soumission.

LE REFUS DE S'OPPOSER

Les femmes s'opposent rarement, elles se sont assigné la lourde tâche de supporter presque tout sans se plaindre.

Gisèle raconte qu'il lui faut accepter d'être sans arrêt dérangée dans son travail. Son bureau est un lieu de passage et elle s'en est accommodée. Elle se sent donc obligée de répondre, ne serait-ce que d'un regard, au salut de chacun. Or, elle doit saisir sur ordinateur de longues colonnes de chiffres et elle perd sa ligne à chaque fois qu'elle lève les yeux.

Christelle, gentille elle aussi, travaille à plein temps comme vendeuse dans un magasin. Elle est « heureuse » quand elle peut rendre service, même si elle doit pour cela renoncer à ses projets. Les six derniers mois, elle a totalisé dix-neuf samedis de travail alors qu'elle n'en devait qu'un sur quatre. La collègue qui arrive juste après elle a travaillé cinq samedis. Les filles dociles renoncent sans mot dire au salaire qu'elles méritent. Elles se contentent de la fragile certitude d'être appréciées pour leur gentillesse. C'est le seul avantage (éventuel) qu'elles retirent de leur attitude.

Elles n'en croient pas leurs yeux quand d'insupportables collègues, désagréables et égoïstes, leur passent devant sans pour autant perdre l'estime des autres. On chuchote dans leur dos, mais on ne peut s'empêcher de les admirer. D'ailleurs on recherche secrètement ou même ouvertement la considération de ces « super femmes ».

Je me suis limitée à quelques exemples du refus de s'opposer dans la vie professionnelle, car cette forme de renoncement souriant est facile à reconnaître. Le message de ces femmes peu contrariantes est clair :

« Je ne mérite pas d'être aimée pour moi-même. »

« Si jamais je me montre récalcitrante, personne ne voudra de moi. »

LE REFUS D'AMBITION INTELLECTUELLE

Les femmes se contentent souvent de se définir par leur aspect extérieur et leur empressement à s'adapter aux exigences des autres. Elles pensent que plus une femme est jolie, plus elle est désirable. Plus elle s'adapte et plus elle augmente ses chances de bâtir une relation durable. Les femmes sont prêtes pour cela à abandonner toutes ces qualités qui font une personnalité autonome et consciente de sa valeur. Elles renoncent à utiliser leur intelligence, à formuler des réflexions critiques et à en inspirer leur conduite.

Elles ne recherchent pas l'épanouissement intellectuel. Une profession exigeante ne constitue qu'une possibilité parmi d'autres, une solution transitoire. Elles aimeraient bien avoir un métier reconnu et un bon salaire. Mais ce n'est pas leur priorité, et elles ne sont pas prêtes à consentir les efforts nécessaires.

Il leur suffira finalement que leur mari ait une bonne situation ou la perspective d'en obtenir une. Pour elles, un travail quelconque fera l'affaire, quelques heures par semaine, il faut bien occuper son temps. Pour celles dont l'objectif premier est de se trouver un mari, ce peut être une stratégie payante. Des sondages réalisés aux États-Unis montrent que la cote des candidates au mariage est inversement proportionnelle à leur niveau de salaire et à leur degré d'autonomie financière[21].

D'autres recherches[22] ont démontré qu'il existait un rapport entre l'ambition intellectuelle et une certaine indifférence à l'égard de son apparence physique. L'étude de ce que l'on appelle le comportement d'achat a révélé que, plus une femme s'épanouit dans son travail, et moins elle s'achète de vêtements.

Les petites filles apprennent très tôt que l'apparence prime sur l'intelligence. À la puberté, les filles téméraires et sûres d'elles (pour peu qu'on leur ait donné l'occasion de développer ces qualités) se métamorphosent en petites demoiselles gloussantes et timorées, désormais uniquement préoccupées de leur aspect physique. Elles perdent leur belle insouciance. Les petites filles robustes d'autrefois, qui savaient prendre leur place et se faire entendre, sont devenues de fragiles créatures inconsistantes et dépourvues de caractère. La seule chose qui les motive est de savoir qui est la plus belle à l'école, qui s'arrange le mieux, qui porte les vêtements à la mode. L'ambition scolaire passe au second plan.

Des années plus tard, lorsque les promotions se retrouvent, il est rare que les femmes se souviennent de l'éloquence ou du dynamisme de leurs anciennes camarades, ou de leur énergie à défendre leur point de vue. C'est l'allure des autres qui leur est restée en mémoire, pas leurs compétences ou leurs talents.

La tristesse qu'engendrent chez elles les petites imperfections physiques les accompagnera souvent toute une vie. Elles souffrent d'avoir les jambes trop minces, d'avoir trop ou trop peu de poitrine, regrettent de ne pas friser ou la couleur de leurs cheveux, déplorent que leurs yeux soient trop petits ou trop rapprochés.

Aujourd'hui encore, les filles pleurent à cause de leur physique. Elles passent des heures à essayer de se conformer à leur idéal de beauté et sont très affligées quand elles n'y parviennent pas. Dès l'enfance elles s'évertuent à plaire.

Le renoncement inconscient à l'ambition intellectuelle est double :

« Comme je n'ai rien d'autre à faire valoir, je dois au moins soigner mon apparence. »

« Un physique agréable est un atout plus sûr que les qualités intellectuelles. »

LE REFUS DE S'AFFIRMER

L'incapacité à s'imposer est également une forme subtile de soumission. J'en ai chaque jour des exemples sous les yeux dans mes stages. Les femmes se défendent à voix basse. Protestations, critiques ou colère manquent leur effet. D'ailleurs elles se taisent quand elles sont victimes d'une injustice, exploitées ou traitées sans égard.

Inès travaille depuis trois ans à mi-temps comme employée de bureau dans une petite entreprise familiale. Elle assume à elle seule toutes les tâches de secrétariat. Il y a quelque temps, au moment de partir en vacances d'hiver, son patron lui a demandé de bien vouloir faire des journées complètes pendant son absence. Inès a accepté aussitôt, comme si cela allait de soi. Mais sur son bulletin de salaire ne figure aucune heure supplémentaire. Elle veut savoir quand elles lui seront rémunérées. Son patron est outré qu'elle réclame ainsi son argent : c'est un service qu'elle lui a rendu, elle n'a pas eu grand-chose à faire, sinon répondre à quelques coups de fil. Inès se contente de grommeler quelque chose, craignant de l'irriter davantage ou de perdre sa réputation d'employée dévouée, toujours là quand on a besoin d'elle.

Quelques mois plus tard, la femme du patron fit remarquer à Inès que son mari n'avait pas à lui faire de cadeau et que, n'ayant pris aucun engagement envers elle, il n'était pas obligé de tenir compte des heures faites en plus ; que, cependant, si Inès « avait tapé du poing sur la table », elle aurait obtenu ce qu'elle demandait. Ce conseil vint trop tard. Inès avait perdu goût à son travail et n'arrivait pas à ôter de son esprit l'idée qu'elle s'était fait avoir. Six mois plus tard, elle donna sa démission. Elle ne récupéra jamais l'argent qui lui était dû.

Il est rare que l'on vous accorde spontanément ce à quoi vous avez droit.

Marie dirige un service dans une grande entreprise. Son assistant néglige d'en référer à elle, même pour des décisions importantes où son accord serait nécessaire. Marie est hors d'elle, d'autant qu'elle approuve rarement les initiatives de son collaborateur. Pourtant, elle ne le remet pas en place comme il conviendrait, et n'annule pas non plus les décisions qu'il prend, même lorsqu'elles se révèlent mauvaises ou coûteuses pour l'entreprise. Pour ne pas le déconsidérer aux yeux de ses collègues, elle couvre ses décisions après coup.

Les exhortations de Marie et l'attentisme dont elle fait preuve ne constituent pas une réponse adaptée. Le seul moyen pour elle d'asseoir durablement son autorité est de donner un sévère avertissement à son assistant, de corriger la décision incriminée, d'en informer officiellement ses collaborateurs et de clarifier les domaines de compétence.

Souvent, pour justifier leur refus d'affirmer leur autorité, les femmes mettent en avant des arguments fort contestables :

« Je cherche à introduire un style de direction qui se démarque clairement du management agressif, de type masculin. »

« Si je brusque mes collaborateurs, je risque de perdre leur confiance. »

Il est bien difficile de faire son deuil des « vertus » féminines.

LE REFUS D'ÉTABLIR SES PROPRES RÈGLES

Les femmes ont tendance à se conformer dans une large mesure au modèle social en vigueur, même si elles s'y sentent mal à l'aise. Dans ces cas-là, ce sont leurs sentiments et non le modèle qu'elles mettent en cause.

Cette forme de renoncement est particulièrement fréquente chez les mères. Elles pensent qu'elles doivent rester à la maison tant que leur enfant n'a pas trois ans. L'institution du congé parental a conféré à cette superstition une légitimité officielle, légale et négociée entre les partenaires sociaux.

Pourtant, des études réalisées à ce sujet tendent à prouver que le petit ne subit aucun préjudice du simple fait que sa mère ne s'affaire pas toute la journée autour de lui.

Même les mères qui conçoivent quelques doutes sur le bien-fondé des règles anciennes continuent de s'y tenir, prétextant que si elles travaillaient, elles ne pourraient pas profiter de leur enfant. Les analyses montrent cependant que les femmes consacrent à peu près le même temps à leur progéniture, qu'elles travaillent ou non. Je parle ici du temps effectivement passé avec l'enfant, à lui lire des histoires, à jouer avec lui, etc., et non des tâches d'intendance comme le conduire quelque part, lui préparer à manger ou tout autre *service* de ce genre.

Cela n'empêche pas des centaines de milliers de femmes de sacrifier, année après année, à la norme selon laquelle une bonne mère se doit à son enfant. Après une interruption professionnelle de plusieurs années, elles constatent que le retour au monde du travail est beaucoup plus périlleux qu'on le leur avait laissé croire. Dans les anciens Länder, ce sont ainsi plus de trois cent mille femmes qui essaient chaque année de reprendre pied dans la vie professionnelle. Mais leurs chances d'y parvenir sont réduites, et il ne peut être question pour elles de bonne situation et encore moins de promotion.

« Elles ont montré clairement que le travail n'était pas leur première préoccupation », a déclaré un responsable des ressources humaines. Elles ont respecté une règle ancestrale et se retrouvent cataloguées par les entreprises comme candidates peu motivées.

On pourrait formuler ainsi l'état d'esprit qui les enchaîne aux modèles traditionnels :

« C'est plus facile pour moi de faire comme les autres, le risque diminue de commettre des erreurs dans l'éducation des enfants. »

« Si je ne me conforme pas aux règles, je serai entièrement responsable d'un éventuel échec. Je devrai affronter seule les critiques qui ne manqueront pas de pleuvoir de tous côtés. »

Ce sont des réflexions de ce genre qui, à mon avis, constituent le renoncement le plus grave : le refus de se forger sa propre opinion. Si les femmes veulent briser le carcan des opinions admises, en particulier sur les rôles respectifs des hommes et des femmes, il leur faudra passer par une redéfinition des règles. Et donc faire leur deuil de la norme ménagère qui prescrit de faire tous les jours les lits et au moins un repas chaud, et le ménage une fois par semaine. Ne sortir que maquillée, s'efforcer de faire bonne impression, entre autres à travers la manière dont on habille les enfants, surveiller les devoirs – tout cela ne peut constituer l'essentiel.

LE REFUS D'AUTONOMIE FINANCIÈRE

Quand je revendique l'indépendance matérielle des femmes ou pour les femmes, je me heurte aux oppositions les plus vives. Les femmes sont trop enclines à croire au contrat des sexes selon lequel la femme bénéficierait de la protection matérielle du mari. Elles renoncent aux défis professionnels, à une retraite et un patrimoine personnels.

Elles représentent plus de 50 p. 100 des bacheliers, presque 50 p. 100 de tous les étudiants, mais seulement 5 p. 100 des managers. Les chiffres sont éloquents. Les femmes renoncent à une activité qualifiée et exigeante, scellant ainsi leur faible participation aux affaires.

LE REFUS DE FORMATION

Les filles et les jeunes femmes ne se rendent pas compte de ce qu'elles font en renonçant à une formation qui leur offrirait des débouchés intéressants. Elles remettent leur avenir entre les mains d'un mari fictif dont elles ne savent rien, mais à qui elles délèguent imprudemment leur potentiel de réussite.

Danièle avait la possibilité de faire des études de chirurgie dentaire en vue de reprendre le cabinet d'un oncle sans enfant, mais elle renonça à cette opportunité. Elle épousa un étudiant en biologie qui, malheureusement, ne réussit pas à se faire embaucher dans son domaine de formation. Il gagne sa vie comme représentant de commerce. Elle souffre pour lui de cette situation et regrette qu'il n'ait pas réussi à se trouver un emploi plus conforme au style de vie auquel ils étaient tous deux habitués. Ils ont l'un et l'autre des parents aisés qui ont subvenu aux besoins de ce « ménage étudiant ». Elle a honte des échecs de son mari. Il ne lui vient pas à l'idée qu'elle est tout aussi responsable de sa propre vie. Le fait qu'elle ait renoncé à une brillante carrière de dentiste ne peut à son avis qu'être un soulagement pour son mari : « Sinon, il serait encore plus déprimé. » Elle avait certainement l'étoffe d'un bon médecin, pourtant elle n'envisage pas un instant de travailler elle-même.

Sonia, préparatrice dans une officine, a suivi avec assiduité des cours du soir pendant trois ans pour pouvoir entrer en faculté de pharmacie. Mais elle renonce finalement à son projet lorsqu'elle rencontre un homme qui n'a pas fait d'études universitaires. Elle pense que ce serait dégradant pour lui d'avoir une femme plus qualifiée. Elle est aujourd'hui à la maison et s'occupe des enfants.

Ces exemples s'adressent à des femmes auxquelles il serait facile de suivre une formation professionnelle. Quand les conditions ne sont pas favorables, le renoncement à la formation devient banal, passe inaperçu : les femmes sans qualifications iront directement travailler en usine ou au supermarché. Elles seront contentes de toucher 1000 francs de plus que la copine en formation par alternance. Celles qui arrêtent l'école en troisième suivent généralement une formation professionnelle et la mènent à son terme. Mais elles renoncent ensuite à intégrer une filière technologique, alors qu'elles en auraient la possibilité.

Finalement, on retrouve à chaque fois le même schéma : le refus de pousser la formation jusqu'au diplôme le plus élevé.

LE REFUS DE LA RÉUSSITE PROFESSIONNELLE

Quand les femmes se marient et ont leur premier enfant, la liste des renoncements s'allonge. Pour presque toutes, la maternité constitue une sérieuse rupture dans la carrière, pour beaucoup elle y met un terme.

Souvent, lorsque le salaire de la femme n'est pas indispensable au budget du ménage, elle repousse le moment de reprendre le travail, réduisant ainsi ses chances de profiter des possibilités que son métier lui offre.

Mais le refus d'activité professionnelle se retrouve aussi chez des femmes très qualifiées avec d'excellentes perspectives d'emploi. Véronique et son mari ont tous deux un diplôme d'ingénieur des eaux et forêts. Véronique n'a pas cherché de travail pour ne pas entrer en concurrence avec son mari, ce qui lui eût semblé « déloyal ». Elle a obtenu de meilleures notes que lui à l'examen et aurait vraisemblablement fait meilleure impression lors d'un entretien d'embauche. Aujourd'hui, quatre ans plus tard, elle ne travaille toujours pas et a suivi son mari sur son lieu d'affectation.

Les femmes qui pensent s'en sortir sans avoir besoin de gagner leur vie se mettent en situation d'absolue dépendance. Une formation insuffisante, de longues interruptions dans l'activité professionnelle, le refus de qualification, voilà les ingrédients de cette dépendance.

J'ai abordé ce sujet avec quantité de femmes, et elles ont toutes tenu le même langage : quand on doit demander la permission de faire une dépense, on est toujours redevable de quelque chose. Et le sentiment d'être débiteur ne permet pas de se construire une solide conscience de sa propre valeur, ni sans doute de bâtir une relation de qualité avec son partenaire.

La femme atrophiée

Les femmes ne renoncent pas seulement à un revenu propre et à l'indépendance financière, mais aussi au temps et à un espace à soi, les deux choses allant d'ailleurs souvent de pair. On trouve cette forme de renoncement même chez les femmes qui gagnent de l'argent. Il se manifeste également à travers le langage du corps. J'ai déjà évoqué l'habitude des femmes de prendre le moins de place possible, et pas seulement pour des raisons esthétiques.

Même aujourd'hui, les femmes ont rarement une pièce à elles dans la maison. Seule une petite minorité dispose d'un endroit où se retirer. Certaines ont une lingerie, pas plus grande qu'un débarras, et ne le doivent qu'à la possibilité d'y travailler pour la famille sans encombrer le séjour avec le linge à repasser. Les femmes sont censées considérer que la maison tout entière (ou tout l'appartement) leur appartient, instituées de ce fait gardiennes de l'ordre et de la propreté de l'ensemble. Elles doivent régler leur temps de loisirs sur le rythme de chacun. Leurs amies venues prendre le thé disparaissent dès que le mari rentre. Elles ne peuvent lire que si personne ne regarde la télévision. Et elles doivent se réfugier dans le couloir pour téléphoner tranquillement.

Les femmes organisent la journée de manière que chacun y trouve son compte. Mais elles s'oublient elles-mêmes, ne disposant que du temps qui reste, autant dire le plus souvent rien. Et les soirs, ou les week-ends, où elles décident de délaisser les tâches ménagères, elles sont trop exténuées pour entreprendre quelque chose qui leur plaise.

La femme atrophiée fait savoir en clair : « Ce que je fais est sans importance, je n'ai besoin ni de tranquillité, ni d'un endroit à moi. Je n'ai aucune activité justifiant qu'on ne me dérange pas. »

Nombreuses sont celles qui suivent ce principe dans la vie quotidienne. Elles renoncent à avoir de la place, ou sont tout de suite prêtes à en céder et à s'écarter. Quand un homme et une femme se trouvent face à face sur un trottoir, c'est le plus souvent la femme qui s'efface. Bien que la courtoisie commande de laisser passer la dame en premier, peu de gens s'y tiennent, sauf lorsque la femme est jolie ou sûre d'elle, ce qui ne fait qu'aggraver les choses.

– **N'évitez pas la confrontation !**
– **Accordez-vous un espace de liberté suffisant !**
– **Revendiquez le droit à ne pas être dérangée !**

Au travail, les femmes disposent de pièces nettement plus petites et de bureaux moins bien situés. Une secrétaire de direction raconta qu'elle avait le réfrigérateur, la machine à café, l'évier et la poubelle dans son bureau. Toutes les deux minutes quelqu'un entrait, la saluait, disait quelques mots, faisait du café, jetait les restes de son repas à la poubelle ou lavait une pomme. À chaque fois, elle était interrompue dans son travail. On ignorait ses protestations, on la trouvait désagréable et frimeuse, cherchant seulement à faire croire que son travail était hautement qualifié et exigeait une grande concentration. Elle craignit de passer pour une arrogante. Personne ne la prenait au sérieux. Ce n'est pas étonnant puisqu'une moue de désapprobation ou un regard éloquent suffisait à la faire taire.

Aujourd'hui, il y a un petit écriteau sur sa porte : Ne pas déranger ! Même les chefs de service s'y tiennent, depuis qu'elle a eu le courage de laisser exploser sa colère en disant combien il lui était difficile de travailler dans ces conditions.

De même qu'elles renoncent à avoir de l'espace pour elles, les femmes renoncent à avoir du temps. « Vous ne m'entendrez jamais dire : je n'ai pas le temps », proclame fièrement Élisabeth. Elle se fait une vertu d'avoir toujours du temps pour les autres. Pas question qu'ils attendent, si elle peut s'arranger autrement.

Peu importe ce qu'on lui veut et ce qu'elle est en train de faire, elle l'interrompra. Les autres ont toujours priorité avec elle. Mais Élisabeth veut faire mieux encore (?) et s'irrite souvent de sa propre impatience. Elle devient nerveuse quand les gens s'attardent. Elle s'en veut tout de suite après de n'avoir pas été plus avenante.

Elle se considère comme si peu importante qu'elle se soumet systématiquement aux impératifs des autres. Quand ses enfants de treize et seize ans veulent lui parler, elle s'arrête de lire et se tourne vers eux. Et quand les grands-parents viennent prendre le café le dimanche, elle annule la balade avec les amis et s'occupe de grand-père et grand-mère.

Même si les amis restent tard le soir, elle continue de sourire et réprime ses bâillements pour qu'ils n'aient pas l'impression d'être mis à la porte.

Avoir du temps est le « privilège » de ceux qui n'ont aucun pouvoir. Les puissants sont avares de leur temps. Ils affirment ne pas avoir de temps, ce qui est une façon de dire qu'ils ont mieux à faire.

Les pauvres, les chômeurs, les gens modestes... et les femmes ont toujours du temps. Ils ont du temps à offrir.

Le temps, c'est de l'argent, cela ne vaut que pour celui ou celle qui a décidé de travailler dans le calme et la concentration.

Le temps des puissants est un bien précieux. Pour entrer en contact avec eux, il faut prendre rendez-vous. Tout le monde n'en obtient pas. Plus la personne a de pouvoir, et moins l'on a de chance d'accéder jusqu'à elle. Quand le chef est une femme, elle abolit cette règle. Elle pense que la porte de son bureau doit rester ouverte. Elle y voit une nouvelle manière de diriger, un management au féminin. La porte ouverte se fait symbole d'une gestion humaine et compréhensive.

Les femmes ont du temps, toujours et pour tous. C'est une façon de se mettre aux ordres des autres.

Comme tous les défavorisés, les femmes ne disposent pas vraiment de leur temps. L'épouse s'adapte aux horaires du mari. L'été, on peut voir des légions de femmes quitter la piscine entre 16 heures et 16 h 30 pour arriver à la maison avant leur mari, lui préparer à manger et lui ouvrir la porte.

Il y a peu de temps, j'ai assisté à une scène pénible. Le mari rentre du travail et demande en hurlant à sa fille presque adulte où donc était sa mère, elle savait pourtant qu'il rentrait à cette heure-ci et qu'il prenait son café. Tous les après-midi, la mère était fidèle au poste, cette fois-là elle était en retard, et les hurlements de colère du mari retentissaient dans toute la maison. N'y avait-il pas là tentative de subversion ? Il faut agir avant qu'il ne soit trop tard !

Cette scène ne constitue pas une exception. Le soir, le dimanche, en vacances ou les jours de congé, femmes et enfants doivent régler leur emploi du temps sur celui du père et mari ; parfois on se dérobe sous un prétexte ou l'autre, mais en général on s'aligne : n'est-ce pas lui qui rapporte l'argent à la maison ? C'est celui qui paye qui décide, voilà une banalité qui n'a rien perdu de son actualité.

Quand on a du pouvoir, on peut non seulement disposer de son temps mais aussi de celui des autres. C'est vrai au travail comme à la maison.

La femme a un statut inférieur à celui du mari, elle n'a pas le droit de le faire attendre. De même qu'un employé ne fait pas attendre son patron, ni un malade son médecin. Quand la femme n'attend pas son mari, celui-ci en conclut que sa valeur est en baisse. Elle a apparemment mieux à faire. Il se sent menacé et défend âprement son terrain, c'est-à-dire ses prérogatives en matière de gestion du temps des autres.

Beaucoup ont vécu l'attente qui précède un examen ou un entretien d'embauche. Plus on attend, plus on est agité et plus on perd confiance en soi. Lorsque l'attente se prolonge au-delà des limites jugées acceptables, on se retrouve dans un état de complet abattement, incapable de donner le meilleur de soi-même.

L'idée que les femmes ont toujours le temps se trouve malheureusement confortée par le comportement d'un grand nombre d'entre elles. Elles se privent du droit d'avoir du temps à elles, leurs activités propres, la liberté de faire ce que bon leur semble. Elles finissent par être débordées et surmenées, elles ont laissé les autres prendre possession de leur temps. Elles font ce qu'on leur dit. Elles se sentent écartelées, dévalorisées, maladroites et stupides.

Les méchantes filles agissent différemment : chaque jour, elles se réservent un moment où elles font ce qui leur plaît, ce qui compte pour elles ou simplement ce qui leur fait du bien. Qu'elles travaillent à l'extérieur ou soient femmes au foyer ; qu'elles fassent du sport, se promènent, s'étendent, lisent, prennent un bain ou simplement se tournent les pouces en bayant aux corneilles. Elles font – en toute bonne conscience – ce qui est bon pour elles.

Les méchantes filles auront tout ce qu'elles voudront !

Il y a toujours eu des femmes rebelles.

Florence Nightingale, fondatrice des premières écoles d'infirmières, en était une à sa façon. Elle refusa d'obéir à ses parents, rejeta la perspective d'un « bon » mariage et s'engagea dans une longue et violente querelle avec sa famille. Certes, elle souffrit du chagrin qu'elle causa à sa mère, mais imposa sa façon de voir : « Quand on naît avec des ailes, il faut apprendre à s'en servir[23]. »

Beaucoup d'autres femmes courageuses et combatives lui ont succédé. Golda Meir par exemple, qui est sans doute l'une des femmes politiques les plus marquantes de l'histoire. Elle formula ainsi sa volonté de vaincre : « Dans la vie, rien ne se fait tout seul. Il ne suffit pas de croire en quelque chose, il faut aussi avoir la force de surmonter les obstacles et de lutter[24]. » Son objectif était la victoire, pas les honneurs. À la proposition de devenir vice-Premier ministre, elle répondit par une phrase restée célèbre : « Je préfère être grand-mère à plein temps que ministre à mi-temps[25] ! »

La femme indépendante n'est pas une apparition récente. Coco Chanel était consciente de la valeur de l'argent, mais lui voyait une autre signification pour les femmes : « Pour moi, ce qui comptait, ce n'était pas l'argent, mais l'indépendance qu'il permettait. » Coco Chanel mettait en avant une autre vertu des méchantes filles en exigeant que les femmes tiennent bon dans les situations de conflit ou d'échec : « On apprend plus de ses fiascos que de ses succès. » Sa devise :

« Il faut savoir mettre de côté les échecs et continuer d'avancer[26]. »

Même aujourd'hui, l'audace des femmes est toujours payante : on dit que Sabine Christiansen* est revenue plusieurs fois à la charge, affirmant qu'elle convenait parfaitement au poste visé jusqu'à ce qu'elle l'obtienne. Au départ, elle ne correspondait pas au profil. Sa persévérance, sa force de persuasion et son assurance l'ont amenée là où elle se trouve actuellement. La compétence seule ne suffit pas.

Ce sont là des étoiles au firmament des grandes figures de notre temps. Mais même chez les femmes « obscures », on constate aujourd'hui davantage de mordant et de volonté de vaincre. Parmi les individus qui choisissent de s'assumer, on trouve de plus en plus de femmes. Le pourcentage des femmes qui travaillent ne cesse d'augmenter, ainsi que celui des femmes qui reprennent rapidement leur activité professionnelle après une grossesse. Et ce sont désormais majoritairement les femmes qui demandent le divorce.

Qu'ont en commun toutes ces femmes ?

Elles enfreignent les règles.

Elles édictent leurs propres lois.

Elles posent leurs conditions.

Elles disent clairement NON.

Elles ne se laissent déstabiliser par personne.

Elles ont un objectif.

Elles s'attachent à l'essentiel et se méfient du conformisme.

Elles créent les conditions du succès.

Elles n'essaient pas de plaire à tout prix.

Elles ne redoutent pas les critiques.

Elles ne se laissent pas bâillonner.

Elles savent que pour gagner il faut oser.

Elles mettent leur énergie au service de LEURS objectifs.

Elles sont fières de leurs succès.

La compétition leur plaît.

* Devenue à trente ans présentatrice du journal télévisé sur la première chaîne publique allemande. *(N.d.T.)*

Elles parlent clairement et n'accordent pas grande importance à ce que les autres peuvent dire ou penser.

Les méchantes filles veulent réussir.

Le désir de vaincre, voilà le maître mot. Il englobe tout ce à quoi les femmes renoncent la plupart du temps.

Les femmes doivent se forger une mentalité de gagnantes et apprendre à voir dans l'obstacle un événement formateur, dans l'adversité un moyen de renforcer leurs compétences. Elles ne partent pas démunies. Car la persévérance et la ténacité sont des qualités féminines.

Les femmes qui vont de l'avant sont les femmes exigeantes et prêtes à en découdre. Ce fait est incontestable, même si notre culture nous enseigne que l'irritation, la colère et la volonté de s'imposer sont condamnables. Les femmes, en particulier, nient leurs sentiments violents jusqu'à ne plus les percevoir. Cela prend des proportions telles que la santé des « femmes gentilles » s'en ressent, et qu'elles tombent facilement malades. Les méchantes filles au contraire savent lutter quand il le faut. Elles ont admis qu'il n'y avait pas de relations humaines sans une dose d'agressivité.

Les méchantes filles n'ont pas peur des sentiments agressifs, que ce soient les leurs ou ceux des autres.

Les méchantes filles utilisent leur propre agressivité comme moteur d'action. Même lorsqu'elles sont en colère contre elles-mêmes. Elles n'y puisent pas de raison de douter d'elles ou de se détruire, mais du courage pour agir sur soi et sur son environnement.

Elles transforment l'irritation et la colère en action. Elles ne restent pas passives.

Elles sont vigilantes et ne se laissent pas abuser par les agressions voilées. Les malades de circonstance n'ont aucune chance avec elles. Elles ne donnent pas prise au chantage. Ni le « cœur malade » de leur père, ni la migraine de leur partenaire ne les empêcheront de dire ce qu'elles pensent et de poser leurs conditions. Elles sont capables de compréhension et d'égards dans certaines limites, mais n'en suivent pas moins la voie qu'elles se sont tracée. Elles ne veulent pas sauver les autres, et ne considèrent pas comme le but de leur existence de découvrir chez un homme le cœur tendre enfoui sous la rude carapace. Elles exigent d'être reconnues et respectées.

Elles résistent à « ceux qui souffrent » et qui en profitent pour faire triompher leurs intérêts. Elles récusent le fait de contribuer à leurs souffrances en ne se prêtant pas à leur jeu. Elles ne craignent pas de passer pour des femmes sans cœur.

Elles savent se défendre, même de ceux qui veulent les « aider ». Elles n'ignorent pas que derrière la sollicitude se cache souvent un agresseur cherchant à entraver leur marche vers l'autonomie.

Elles ne se laissent pas avoir par les larmes, la susceptibilité, la tendresse ou la faiblesse de ceux qui se condamnent eux-mêmes à l'impuissance. Elles les démasquent et mettent au jour la force qui se révèle soudain lorsqu'ils doivent lutter ouvertement et massivement pour défendre leur statut.

Les méchantes filles reconnaissent dans les oublis des autres, les soi-disant malentendus et autres manœuvres dilatoires, des agressions indirectes visant à les faire trébucher. Elles se défendent, au lieu de faire preuve d'une compréhension stérile.

Cela vaut aussi bien au travail que dans la vie privée. Elles ne se laissent pas dérouter, mais prennent appui sur leurs convictions et sur leurs émotions les plus profondes. Lorsqu'elles ressentent un vague malaise, elles en recherchent les causes non pas en elles-mêmes, mais à l'extérieur. Elles ne se laissent pas tourmenter par ceux qui ne « veulent que leur bien ». Elles refusent qu'on cherche à les dissuader de prêter attention à leurs soucis, craintes ou chagrins pour mieux les persuader qu'on sait ce qu'il leur faut. Et elles ne paniquent pas sous prétexte qu'on essaie de les effrayer dès qu'elles montrent des velléités d'indépendance. Si, dès qu'elles expriment leurs désirs, on brandit la menace de catastrophes à venir, elles préfèrent en assumer les conséquences plutôt que de battre en retraite.

Dans le doute, elles se séparent des autres, jamais d'elles-mêmes.

Notes

1. Robert K. Merton a introduit le concept en sociologie moderne. On le trouve dès 1885 chez Ebbinghaus. (Merton, Robert K., *The Self-Fulfilling-Prophecy*, 1948, cité par Peter H. Ludwig).
2. EHRHARDT, Ute, et JOHNEN, Wilhelm, *Frauen steigen wieder an*, Munich, 1991.
3. *Das moderne Lexikon*, Gütersloh, 1974.
4. KÜCK, Marlene, *Der unwiderstehliche Charme des Geldes*, Hambourg, 1988.
5. LUDWIG, Peter H., *Sich selbst erfüllende Prophezeiungen im Alltagsleben*, Stuttgart, 1991.
6. MCKEE, David, *König Rollo auf dem Baum*, Munich, non daté.
7. SCHULZ VON THUN, professeur en communication, cité par Ludwig in *Sich selbst erfüllende Prophezeiungen im Alltagsleben, op. cit.*
8. LUDWIG, PETER H., *Sich selbst erfüllende Prophezeiungen im Alltagsleben, op. cit.*
9. *Ibid.*
10. GLASS et SINGER, cités par Seligman, Martin E. P., in *Erlernte Hilflosigkeit*, Weinheim, 1992.
11. HIROTO et SELIGMAN, cités par Seligman, Martin E. P., in *Erlernte Hilflosigkeit, op. cit.*
12. SELIGMAN, MARTIN E. P., *Erlernte Hilflosigkeit, op. cit.*, p. 38.
13. *Ibid.*, p. 41.
14. SCHEU, Ursula, *Wir werden nicht als Mädchen geboren*, Francfort, 1991, p. 108.
15. SELIGMAN, MARTIN E. P., *Erlernte Hilflosigkeit, op. cit.*, p. 57.
16. *Ibid.*
17. WEX, Marianne, *« Weibliche » und « männliche » Körpersprache als Folge patriarchalischer Machtverhältnisse*, Francfort, 1980.
18. TANNEN, Deborah, *Du kannst mich einfach nicht verstehen*, Hambourg, 1991.
19. *Ibid.*, p. 77.
20. SCHEU, Ursula, *Wir werden nicht als Mädchen geboren, op. cit.*, p. 75.
21. FALUDI, Susan, *Die Männer schlagen zurück,* Hambourg, 1993, p. 47.
22. *Ibid.*, p. 246.
23. SIEGEL, Monique R., *Frauenkarrieren*, Tübingen, 1991, p. 222-225.
24. *Ibid.*, p. 247.
25. *Ibid.*, p. 252.
26. *Ibid.*, p. 151-154.

Table des matières

Photocomposition Nord Compo
59650 Villeneuve-d'Ascq

Achevé d'imprimer en mai 1998
par la SOCIÉTÉ NOUVELLE FIRMIN-DIDOT
Mesnil-sur-l'Estrée
pour le compte des Éditions Calmann-Lévy
3, rue Auber, Paris 9e

Imprimé en France
Dépôt légal : mai 1998
N° d'édition : 12593/01 - N° d'impression : 42745